Anselm Grün
Hsin-Ju Wu

Wofür brennst du?

Anselm Grün
Hsin-Ju Wu

Wofür brennst du?

Leiden-schaftlich leben

VIER TÜRME

Inhalt

Mehr Lust am Leben!

Wenn Menschen sich in einem Unternehmen bewerben, werden sie nicht nur nach ihren Fähigkeiten gefragt. Kluge Personalleiter fragen lieber: Wofür brennst du? Heute klagen viele Unternehmer darüber, dass junge Menschen keine Leidenschaft mehr mitbringen. Sie fragen nur nach der Bezahlung und nach den Urlaubstagen und nach der Arbeitszeit. Doch wenn ich für meine Arbeit nicht brenne, wird sie mir sehr schnell zur Last. Weil ich keine Leidenschaft habe für eine bestimmte Aufgabe oder im Dienst für andere Menschen, fehlt mir die Kraft dazu. Dann sehne ich mich während der Arbeit schon nach dem Feierabend. Wenn wir das so empfinden, ist das letztlich verlorene Zeit. Die Arbeitszeit wird nur zur erfüllten Zeit, wenn wir Leidenschaft für unsere Arbeit haben. Dann wird die Arbeit selbst zur Lust am Leben.

Es ist jedoch nicht so, als gäbe es kein Feuer, denn viele lassen sich durchaus schnell für etwas begeistern. Beim Vorstellungsgespräch erzählen sie, wie sehr sie für die Aufgaben und Ziele des Unternehmens brennen. Doch schon nach kurzer Zeit, wenn der Alltag sie erfasst, stellt sich heraus, dass diese Leidenschaft nur ein Strohfeuer war, das schnell verbrennt. Dann bleibt nur Asche zurück. Leidenschaft muss genährt werden. Sie braucht »Brennstoff« und sie braucht Luft, Weite, damit das Feuer weiterbrennen kann. Leidenschaft muss aus dem Inneren heraus genährt werden, aus den inneren Ressourcen, und sie braucht Disziplin, damit sie am Leben erhalten wird, damit sie langfristig brennt.

Wenn wir mit anderen über das Thema Leidenschaft sprechen, hören wir oft die Klage: Vielen Menschen fehlt heute diese Eigenschaft. Politiker, Sportler haben keine Leidenschaft mehr, sie wollen sich nur selbst darstellen. Aber sie brennen nicht für ihre Überzeugung, für ihre Mannschaft. In einem Interview meinte Bastian Schweinsteiger zum frühen Ausscheiden der deutschen Nationalmannschaft bei der Weltmeisterschaft in Katar, dass die Spieler nicht gebrannt hätten. Er habe es jedenfalls nicht bemerkt. Der Trainer Hansi Flick widersprach dem. Aber die Frage ist, für was sie gebrannt haben: für das Miteinander oder jeder nur für sich selbst, für eine gelingende Selbstdarstellung. Wir erleben oft, dass nicht die Mannschaften mit den besten Einzelspielern gewinnen, sondern die, in der sich alle für das Miteinander engagieren.

Ähnliches finden wir in der Kirche: Engagierte Christen klagen darüber, dass sie bei ihrem Pfarrer, bei ihrem Pastor, die Leidenschaft für die christliche Botschaft vermissen, dass ihm die Leidenschaft für die Menschen abgeht. Sie tun ihre Arbeit, aber man spürt kein Feuer, das andere wärmen könnte. Das Gleiche gilt für junge Menschen, die sich für den Priester- oder Ordensberuf interessieren. Ein wirklich guter Seelsorger kann man nur werden, wenn es einem ein Anliegen ist, dass andere einen guten Weg im Leben gehen, wenn man Feuer fängt für die Botschaft Jesu.

Manchmal haben wir unsere Leidenschaft verloren. Die Glut, die in uns brannte, ist erloschen. Vielleicht haben wir früher einmal gebrannt. Vielleicht sind wir in die Gefahr des Ausbrennens geraten, die gerade Menschen, die für etwas brennen, droht, wenn sie ihr inneres Maß vergessen, wenn sie nur die Leidenschaft sehen, aber die Disziplin übersehen, die notwendig ist, damit die Leidenschaft lange Zeit anhalten kann.

Das Thema Leidenschaft hat viele Facetten. Bis in unsere Tage hinein löst allein das Wort zwiespältige Gefühle aus. Manche denken sofort daran, dass der Begriff nahe an dem der Sünde ist. Wer leidenschaftlich liebt, der hat keine Grenzen, so glauben viele. Andere haben die Assoziation, dass jemand von seiner Leidenschaft beherrscht und zu Taten gedrängt wird, die der Vernunft widersprechen. Asketen sehen in der Überwindung der Leidenschaften das Ziel ihrer Bemühungen. Auf der anderen Seite sind die Theologen Johannes Bours und Franz Kamphaus der Überzeugung, dass Gott uns Menschen leidenschaftlich liebt und auch von uns mit aller Leidenschaft geliebt werden will. In diesem Sinn interpretieren sie in ihrem Buch »Leidenschaft für Gott« das Wort Jesu: »Du sollst den Herrn, deinen Gott, lieben mit ganzem Herzen und ganzer Seele, mit all deinen Gedanken und all deiner Kraft« (Mk 12,30). Das griechische Wort für Kraft – ischys – bedeutet die Kraft des Willens, aber auch der Leidenschaften. Die Leidenschaft für Gott ist die innere Dynamik jedes geistlichen Lebens. In diesem Buch von Kamphaus und Bours wird ein Wort von Augustinus an einen jungen Diakon zitiert: »Leidenschaftliche Liebe vermag dies: Wenn jene durch uns, die wir sprechen, betroffen werden und wir durch ihr Hören, dann wohnen wir einer im anderen. Und so kommt es, dass sie, was sie hören, gleichsam in uns sagen und wir gewissermaßen in ihnen lernen, was wir lehren« (Kamphaus 181). Die leidenschaftliche Liebe vermag die Taufbewerber zu erreichen. Daher ist sie die Voraussetzung für die Aufgabe eines Seelsorgers und einer Seelsorgerin.

Viele denken bei Leidenschaft an etwas, das einen beherrscht, zum Beispiel eine sexuelle Leidenschaft oder eine Leidenschaft für das Kartenspiel. Doch hinter jeder großen Leidenschaft steckt letztlich die Sehnsucht, seinem Leben einen Sinn zu geben, die Leidenschaft in eine Richtung zu lenken, die sie auf Dauer befriedigt. Dann wird sie zu einer Quelle für den spirituellen Weg. Gerade in der jüdischen Mystik, wie sie in den chassidischen Geschichten ihren Ausdruck findet, geht es darum, die Leidenschaften nicht abzuschneiden, sondern sie in spirituelle Kraft zu verwandeln. So heißt es in einer Geschichte: *»Ein junger Mann gab dem Riziner einen Bittzettel, darauf stand, Gott möge ihm beistehen, damit es ihm gelinge, die bösen Triebe zu brechen. Der Rabbi sah ihn lachend an: ›Triebe willst du brechen? Rücken und Lenden wirst du brechen, und einen Trieb wirst du nicht brechen. Aber bete, lerne, arbeite im Ernst, dann wird das Böse an deinen Trieben von selber verschwinden.‹«* (Chassidische

Geschichten 453). Ähnlich wie bei den Wüstenvätern geht es nicht darum, die Leidenschaften zu brechen, sondern sie zu verwandeln, dass das Böse und Schädigende aus ihnen verschwindet und sie Gutes bewirken können.

1996 hat der Gründer des Arena-Verlages in Würzburg, Georg Popp, ein kleines Buch geschrieben mit dem Titel: »Mehr Lust am Leben. Von den positiven Seiten unserer Leidenschaften«. Er plädiert dafür, gegenüber dem Bild des perfekten und fehlerlosen Menschen den leidenschaftlichen Menschen in uns wieder zu entdecken. Denn *»Leidenschaften und Triebe sind uns von Gott geschenkt, damit unser Leben sich entwickeln und erfüllen kann. Wo in der Natur keine Triebe mehr vorhanden sind, stirbt alles Leben. So der Mensch keine An-Triebe mehr kennt, erlischt sein Interesse am Leben, hat er keine Hoffnung mehr, wird er apathisch, depressiv«* (Popp 12).

Ähnlich verstand es Thomas von Aquin. Für ihn sind die Leidenschaften natürliche Antriebskräfte des Menschen. Sie haben »eine notwendige Funktion, damit sich der Mensch mit voller Kraft seinen Zielen und Aufgaben widmen oder Übel meiden kann« (Rotter, LexSpir 783). Wir brauchen Leidenschaft für das geistliche Leben, aber ebenso für die Kunst, für die Wissenschaft. Es geht auch darum, sich leidenschaftlich für andere Menschen und für die Gerechtigkeit in der Welt einzusetzen. Die Leidenschaft ist eine Kraft, die etwas in Bewegung bringt. Sie ist die Voraussetzung für schöpferisches Handeln. In diesem Sinn meinte der Philosoph Friedrich Hegel: *»Es ist nichts Großes ohne Leidenschaft vollbracht worden, noch kann es ohne solche vollbracht werden.«*

In der Begleitung von Menschen, die in unser Recollectio-Haus kommen, erschrecke ich oft, wenn ich nach ihrer Leidenschaft frage. Manche machen einen müden Eindruck. Sie arbeiten zwar viel, aber ohne Leidenschaft. Die Müdigkeit, die aus ihnen spricht, hängt nicht mit dem Alter zusammen. Es gibt junge Menschen, die schon nach einigen Jahren im Seelsorgedienst müde geworden sind. Aber ich habe auch eine 76-jährige Schwester begleitet, die immer noch voller Leidenschaft war. Sie wollte das, was sie in ihrem langen Leben erfahren hat, andern weitergeben und ihnen Anteil geben an der Weisheit, die sie jetzt im Alter verkörpert.

Der Pastoraltheologe Norbert Greinacher hat ein Buch geschrieben mit dem Titel »Gelassene Leidenschaft – eine heute notwendige Tugend«. Greinacher ist überzeugt, dass die Leidenschaft den Gegenpol der Gelassenheit braucht, damit sie nicht zerstörerisch wirkt und missbraucht wird. Leidenschaft darf nicht blind machen, sonst wird sie andere mit Gewalt bekehren oder von ihrer eigenen Meinung überzeugen wollen. Wer blind ist in seinem Einsatz für seine Vision, der geht an den Menschen vorbei. Daher braucht es immer das rechte Maß und die Gelassenheit, damit die Leidenschaft zum Segen wird und nicht zum Fluch. Gelassene Leidenschaft hilft, mit Fehlschlägen fertig zu werden. Sie bewahrt vor Fanatismus und Totalitarismus. Der alttestamentliche Weisheitslehrer Kohelet warnt vor Gerechtigkeitsfanatikern. Denn es gibt Gerechte, die zugrunde gehen an ihrer Gerechtigkeit. Daher mahnt Kohelet: »Halte dich nicht zu streng an das Gesetz und sei nicht maßlos im Erwerb von Wissen. Warum solltest du dich selbst ruinieren?« (Koh 7,17). Wahre gelassene Leidenschaft bleibt lernbereit.

Uns Autoren – Pater Anselm und Hsin-Ju Wu – verbindet die Leidenschaft, die christliche Botschaft so zu verkünden, dass sie die Menschen aufrichtet und sie ermutigt, dass sie ihre tiefste Sehnsucht anspricht und ihnen Hoffnung für ihr Leben vermittelt. Wir setzen uns zudem leidenschaftlich für die benediktinische Spiritualität ein, weil wir spüren, dass sie sowohl den Menschen in Deutschland als auch in Taiwan guttut, dass sie sie erdet und ihnen konkret hilft, ihr Leben zu meistern. Und so möchten wir mit diesem Buch, das aus vielen Gesprächen entstanden ist, die wir miteinander geführt haben, in den Lesern und Leserinnen die Leidenschaft wecken, die jeder und jede sicher in sich hat.

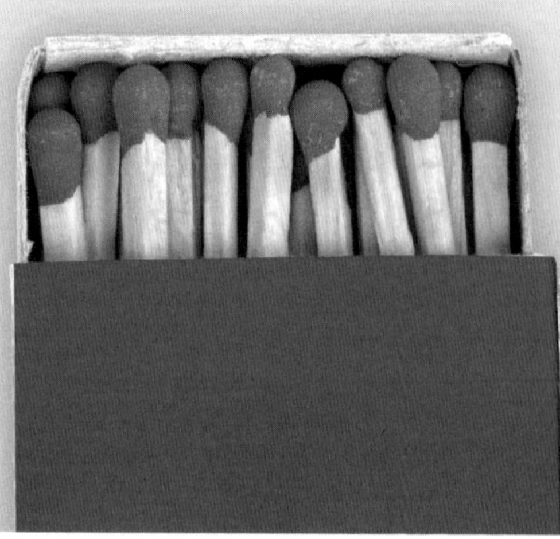

KAPITEL I

Ein Blick in die Geschichte der Leidenschaft

Um angemessen über dieses so menschliche und oft auch als so zwiespältig empfundene Gefühl sprechen zu können, ist es gut, einen Blick in die Geschichte zu werfen und dem Begriff in der Geschichte der Menschheit auf die Spur zu kommen. In der griechisch-philosophischen Tradition versteht man Leidenschaft als eine Bewegung der Seele, die aus dem Leib kommt, die also eine leibhafte Dimension hat und sich aus der Kraft des Leibes nährt. Vier Formen der Leidenschaften werden unterschieden: das Vergnügen, die Traurigkeit, die Furcht und das Begehren. Leidenschaften sind Regungen, die zur Natur des Menschen gehören und daher weder als Tugend noch als Laster zu verstehen sind. Entscheidend ist das Maß, mit dem sie gelebt werden.

Die Leidenschaften sind nach Cassian und Augustinus sogar notwendig und nützlich, um Tugend überhaupt zu erwerben. Für Augustinus hat zudem die leidenschaftliche Liebe die Kraft, mit dem anderen eins zu werden. Sie berührt ihn in seinem Herzen und lässt sich vom anderen berühren. Sie öffnet Menschen also füreinander.

Lactanz, ein lateinischer Kirchenvater, meint, es gehe nicht darum, die Leidenschaft zu unterdrücken, wie die griechisch-philosophische Strömung der Stoa es fordert, auch nicht darum, sie zu mildern, wie die Philosophenschule der Peripatetiker meint, sondern sie auf den rechten Weg zu führen, sie zu spiritualisieren, sie mit dem Geist zu durchdringen. Der Logos, der Verstand, soll die Leidenschaft führen. Dazu muss er jedoch »ins Fleisch« kommen, sonst hat er keine Kraft. Er muss Fleisch annehmen, sonst kann er nicht wirken. Wenn er sich nicht mit dem Fleisch, also dem Körper, versöhnt, wird er sich verflüchtigen, er wird unsichtbar und unerfahrbar. Darin sehen die Kirchenväter wie Irenäus das Geheimnis der Menschwerdung, dass der *impassibilis passibilis factus est*, der leidlose Gott in Christus leidensfähig wurde, dass der Leidenschaftslose für uns zur Leidenschaft wurde (vgl. A. Vögtle, Affekte, in RAC, Band I, 160–173). Für uns bedeutet die Menschwerdung Gottes, dass auch im Menschen der Geist die Leidenschaft braucht, damit er seine Kraft entfalten kann: in unserem spirituellen Streben, in unserem Einsatz für die Menschen und in unserer Arbeit für eine gerechtere und humanere Welt.

Eine wichtige Rolle spielen die Leidenschaften im Mönchtum. Der Wüstenvater Evagrius Ponticus, der Ende des 4. Jahrhunderts lebte, schreibt über die acht, manchmal auch neun Leidenschaften der menschlichen Seele. Er nennt sie *logismoi* und versteht darunter gefühlsbetonte Gedanken, Gedankengebäude, Antriebskräfte im Menschen. Sie können ihn als dämonische Leidenschaften beherrschen. Aber auch ihm geht es nicht darum, die Leidenschaften auszurotten, sondern mit ihnen zu kämpfen, zu ringen, sich mit ihnen vertraut zu machen. Es gibt eine schöne Vätergeschichte, die das konkret aufzeigt: Abbas Poimen fragte den Altvater Joseph, wie er mit den Leidenschaften umgehen solle, ob er sie eintreten lassen oder ihnen den Zutritt verbieten solle. Altvater Joseph gab ihm den Rat, er solle sie ruhig eintreten lassen und sich mit ihnen vertraut machen. Dann könne er besser mit ihnen umgehen. Als Begründung sagte er: »Wenn die Leidenschaften eintreten und du ihnen gibst und von ihnen nimmst, so werden sie dich bewährter machen« (Apo 386). Wir sollen von den Leidenschaften die Kraft nehmen, die in ihnen steckt. Dann werden wir unseren spirituellen Weg kraftvoll gehen können. Wenn wir die Leidenschaften abschneiden oder ablehnen, dann fehlt uns diese Kraft. Allerdings kennt der Altvater Joseph auch eher schwache Mönche, »denen es nicht frommt, dass die Leidenschaften an sie herankommen. Sie haben es nötig, sie auf der Stelle abzuschneiden« (Apo 386).

Das Ziel des Umgangs mit den Leidenschaften ist die *apatheia*. Das bedeutet nicht, dass der Mönch keine Leidenschaften mehr hat, sondern dass er frei ist vom pathologischen Verhaftetsein an die Leidenschaften, wie es ein Psychologe ausdrückte. Für Evagrius besteht die wahre *apatheia* in der Liebe, die ohne egoistische Bestrebungen ist. *Apatheia* ist »ein relativ andauernder Zustand tiefen Friedens, der unter dem Einfluss der Liebe aus der vollen und harmonischen Integration des emotionalen Lebens entsteht« (Bamberger, Einleitung zu Evagrius 12).

Das Ringen mit den Leidenschaften ist für den Mönch entscheidend. Denn er braucht die Kraft, die darin steckt, um ein leidenschaftliches, spirituelles Leben zu führen, um sich wirklich ganz und gar auf Gott einzulassen und mit Leidenschaft Gott zu suchen. Die Antriebskräfte der Leidenschaften dienen dem Mönch auf dem Weg seiner Selbstwerdung und in seiner Beziehung zu Gott und zu den Menschen. Sie dienen ihm bei seiner Arbeit und auch bei seiner Wahrnehmung der Natur und ihrer Schönheit. Und sie helfen ihm, dass er andere Menschen begleiten und sie auf den Weg zu einem erfüllten Leben führen kann.

Die Psychologie sieht die Leidenschaften ebenfalls als starke Antriebskräfte im Menschen. Der Psychotherapeut Peter Kutter meint, dass uns heute Gefühle und Leidenschaften weitgehend abhandengekommen seien, ohne dass wir es merkten: »Wir funktionieren zwar äußerlich einwandfrei, obwohl unser Leben dabei vielfach stagniert und viele an innerer Leere und Langeweile wenn schon nicht leiden, so doch eine Art Unbehagen empfinden« (Kutter 21). Er unterscheidet zwischen Gefühlen, Affekten und Leidenschaften. Gefühle nennt er »Zustände der Seele«. Sie »entstehen immer in Beziehung zu anderen Menschen« (Kutter 32). Im Unterschied zu Gefühlen, die länger die Seele eines Menschen bestimmen, zeichnen sich Affekte »durch zeitlich kurzen Ablauf, große Kraft und einen begleitenden physiologischen Erregungszustand« aus (Kutter 33). Kutter nennt sie »abrupte Reaktionen mit hoher Intensität«. Wenn mich jemand verletzt, fühle ich mich gekränkt und reagiere mit einem Wutausbruch. Von den Affekten grenzt Kutter dann noch einmal die Leidenschaften ab: »Leidenschaften sind ebenso wie Affekte heftig und intensiv, aber nicht kurzdauernd, sondern langanhaltend. Sie können, zeitlich gesehen, über Wochen und Monate, ja über Jahre den Menschen bewegen, mit anderen Worten: sein gesamtes Leben ausfüllen« (Kutter 34). Die Leidenschaft birgt in sich die Kraft, etwas in dieser Welt zu bewegen. Sie »ist aufregend und erregend. Sie ist beständig und beharrlich, dabei stets konzentriert auf ihr Ziel« (Kutter 35). Kutter plädiert dafür, die Leidenschaften wieder neu zu entdecken, weil sie unser Leben bereichern. »Leidenschaftlich leben heißt: seine Arbeit mit Begeisterung, mit Enthusiasmus tun, auf den anderen zugehen, auf ihn eingehen, sich in ihn einfühlen, sich in Beziehungen einlassen, sich nicht scheuen, einmal aus gewohnten Bahnen auszubrechen, sich engagieren, sich mit Leib und Seele einsetzen« (Kutter 38). In diesem Sinn sind Leidenschaften notwendig, damit wir uns für unsere Ideen und Ideale, für unsere Werte und für eine menschliche Zukunft auf unserer Erde einsetzen.

Ein anderer Psychologe, Daniel Hell, der auch über die Psychologie der Wüstenväter geschrieben hat, spricht vom fühlenden, vom beseelten Menschen. Er plädiert dafür, dass die Psychologie die Seele nicht zur Psyche objektiviert, die man wie ein Objekt studieren kann. Vielmehr sieht er das zentrale Element des Seelischen »im Primat des unmittelbaren Empfindens, Fühlens und Wollens« (Hell 18). Als Gegenbewegung zur Objektivierung der Seele sieht Hell den Erlebnishunger des modernen Menschen, der sich in extremen Sportarten, Abenteuerreisen und im Börsenfieber ausdrückt.

»Dieser Hunger nach intensivem Erleben – nach dem ›Kick‹ – kommt nicht von ungefähr. Die Berauschung und künstliche Intensivierung des Lebens droht zum Lebensstil zu werden, wenn der Mensch – nach Peter Sloterdijk –nicht auch Räume in sich spürt, von denen die Physik nichts weiß« (Hell 27). Weil man das Fühlen angesichts der zunehmenden Technisierung des Lebens zurückgedrängt hat und keine Leidenschaft mehr für Werte und für die Arbeit im Dienst für andere Menschen empfindet, braucht man künstliche Berauschung. Dann lässt man sich beispielsweise an einem Seil in die Tiefe stürzen, um sich zu spüren. Wenn ich mich leidenschaftlich für die Wissenschaft, die Kunst oder für Menschen einsetze, dann spüre ich mich intensiv. Dann ist dieses Spüren und Fühlen eine Quelle von Energie, die mich über lange Zeit durchhalten lässt. Der Kick, den ich beim Sprung in die Tiefe empfinde, gibt mir nur einen kurzen Adrenalinschub, der aber schnell abebbt und mir für mein weiteres Tun und den Alltag keine nachhaltige Energie schenkt.

Von der Philosophie her hat der jüdische Philosoph Emmanuel Levinas ein ansprechendes Bild für das Entstehen der Leidenschaft beschrieben: das Antlitz des anderen, in dem ich seiner Verletzlichkeit begegne. Wenn ich in das Antlitz des anderen schaue, bin ich herausgefordert, meine egoistische Ruhe zu verlassen und die Verantwortung für ihn zu übernehmen. Zugleich bleibt es mir aber unerreichbar. Matthias Schreiber meint in einem Artikel der Zeitschrift »Der Spiegel« dazu: »Die Spur des Unendlichen im Anblick des Anderen macht diesen für mich unendlich kostbar.« Es gehört zur Würde des Menschen, dass wir für das Antlitz des anderen Verantwortung übernehmen. Dazu – so meint Levinas – werden wir von Gott berufen, der sich im Antlitz eines Menschen offenbart. Jedes Antlitz, jeder andere Mensch fordert von uns eine fundamentale Achtung vor dessen uneinholbarer Andersartigkeit. Levinas unterscheidet das Gesicht vom Antlitz. Das bloße Gesicht des anderen kann ich objektivieren und als Objekt behandeln. Ich kann es wahrnehmen und dann meinen Weg weitergehen. Das Antlitz des anderen muss ich betrachten, es in mich einbilden lassen. In ihm begegne ich dem anderen, begegne ich dem Geheimnis des anderen. Ich kann nicht einfach daran vorübergehen. Das Antlitz des anderen fordert meine Leidenschaft heraus, diesem verletzbaren Antlitz voller Respekt zu begegnen und es zu behüten. Wir spüren heute einen Unterschied in unseren Gefühlen, wenn wir mit einem Menschen sprechen, der uns real gegenübersitzt oder den wir nur per Video sehen. Im Video nehmen wir nur sein Gesicht wahr. Doch in der realen Begegnung schauen wir in sein Antlitz. Wenn ich wirklich das Antlitz des anderen wahrnehme, gibt mir das Energie. Es bildet sich in mich ein und lässt mich nicht in Ruhe, fordert mich heraus, mich für den anderen zu engagieren oder mich gemeinsam mit ihm für etwas einzusetzen, das größer ist als wir selbst.

KAPITEL II

Leidenschaft in der Bibel

Die Bibel schildert uns viele Menschen, die voller Leidenschaft sind:

Mose

Da ist zum Beispiel Mose. Als er beobachtet, dass ein Ägypter seine hebräischen Brüder bedrängt, erschlägt er ihn aus Wut. Als das bekannt wird, flieht er nach Midian. Langsam fasst er wieder Fuß und heiratet schließlich eine Frau aus der Gegend.

Als er wieder einmal auf der Weide ist, um die Schafe seines Schwiegervaters Jitro zu hüten, sieht er einen Dornbusch, der brennt, ohne zu verbrennen. Darin offenbart sich ihm Gott. Das Feuer steht für Leidenschaft. Es ist also ein leidenschaftlicher Gott, der sich ihm zeigt, ein Gott, der sich leidenschaftlich für sein Volk einsetzt. Der brennende Dornbusch ist aber auch ein Bild für Mose selbst. Er brennt, ohne zu verbrennen – darin besteht die Aufgabe, die Gott ihm stellt: Er soll für sein Volk und dessen Befreiung aus der Sklaverei brennen. Aber er soll nicht ausbrennen. Der brennende Dornbusch ist zudem ein Bild für unsere Beziehung zu Gott. Er will in uns mit seinem Licht und seinem Feuer aufleuchten. Aber wir sollen immer wissen, dass wir sterbliche und schwache Menschen bleiben. Das Feuer Gottes will in uns brennen, ohne uns zu verbrennen, ohne unsere schwache Menschlichkeit aufzuheben.

Als Mose zögert, sich auf Gottes Ruf einzulassen, nennt ihm Gott drei Zeichen, die ihm zeigen sollen, dass Gott seinen Auftrag ernst meint:

1. Er soll seinen Stab als Zeichen der Macht auf den Boden werfen, dann wird er zur Schlange werden. Die Schlange kann beißen und durch ihr Gift töten. Daher soll Mose anschließend die Schlange packen und wieder in den Stab verwandeln, also im übertragenen Sinn in eine konstruktive Macht.

2. Mose soll seine Hand in sein Gewand stecken, dann wird sie weiß von Aussatz. Wiederholt er das Ganze, wird er wieder gesund. Gott gibt ihm also die Macht über Gesundheit und Krankheit.

3. Er soll Wasser aus dem Nil auf trockenen Boden schütten, dann wird es zu Blut. Blut ist ein Zeichen für Lebenskraft.

Mose führt voller Kraft und Leidenschaft sein Volk aus der Wüste heraus. Als die Menschen immer wieder gegen ihn rebellieren, zeigt sich die Leidenschaft des Mose in seinem Streiten mit Gott. Er gibt sich nicht einfach zufrieden mit seiner Aufgabe. Er hadert mit Gott und ringt mit ihm. Er schreit ihn an: »Was soll ich mit diesem Volk anfangen? Es fehlt nur wenig, und sie steinigen mich« (Ex 17,4). Als Mose vom Berg Horeb, wo er von Gott die Zehn Gebote empfangen hat, herabsteigt und sieht, wie die Israeliten um das goldene Kalb tanzen, da wird er wütend. Voller Zorn schleudert er »die Tafeln fort und zerschmetterte sie am Fuß des Berges« (Ex 32,19).

Michelangelo hat eine Statue von Mose angefertigt, die heute in der Kirche San Pietro in Vincoli in Rom zu sehen ist und die Mose in seiner ganzen Leidenschaft darstellt. Doch die Bibel meint von ihm, dass er sanftmütiger war als alle übrigen Menschen. Er hat sich offensichtlich nicht von seiner Leidenschaft beherrschen lassen. Doch er brauchte sie immer wieder, um die Menschen durch die Wüste ins Gelobte Land zu führen. Ohne Leidenschaft hätte er den Auftrag Gottes nicht gehört und niemals durchführen können.

Was dem Mose widerfahren ist, das erleben heute manche Führungskräfte, das erleben Politiker und Seelsorger und Seelsorgerinnen. Sie alle möchten die Menschen zum Leben führen, in ihnen Leben wecken, für sie eine gute Zukunft schaffen. Aber die Menschen scheuen den Weg in die Freiheit und in ein erfülltes Leben. Sie bleiben lieber beim Alten und Vertrauten stehen, so wie die Israeliten immer auf »die Fische und den Knoblauch« zurückschauen, den sie in Ägypten essen konnten. Da braucht man schon die Leidenschaft des Mose, um nicht aufzugeben. Die Leidenschaft verleiht uns einen langen Atem.

König David

Auch König David war ein leidenschaftlicher Mensch, zum Beispiel im Kampf gegen jene, die Israel bedrohten. So hat er es zu neuer Blüte geführt. Doch auch in seinen Beziehungen zu Menschen war er häufig leidenschaftlich, zum Beispiel in seiner Freundschaft zu Jonathan, aber leider auch in Bezug auf die Frauen anderer Männer. So begehrte er die Frau des Hetiters Urija und sorgte dann dafür, dass Urija im Krieg an vorderster Front steht und stirbt. Als ihm der Prophet Natan seine Sünde vor Augen hält, bereut es David von ganzem Herzen. In der Erinnerung des Volkes war David immer der ideale König. Im Psalm 132 heißt es: »O Herr, denk an David, denk an all seine Mühen« (Ps 132,1).

Der Psalm 78 erzählt, wie Gott David vom Hüten der Schafe wegnahm, »damit er sein Volk Jakob weide und sein Erbe Israel. Er sorgte als Hirt für sie mit lauterem Herzen und führte sie mit klugen Händen« (Ps 78,73f). Ohne seine Leidenschaftlichkeit wäre David nicht der König geworden, der er in der Erinnerung des Volkes immer geblieben ist. Der Weisheitslehrer Jesus Sirach preist ihn mit den Worten: »In seiner Jugend erschlug er den Riesen und befreite das Volk von der Schmach ... Denn er hatte Gott, den Höchsten angerufen, und dieser gab seiner rechten Hand Kraft, um den kampferprobten Mann niederzustrecken und die Macht seines Volkes zu mehren ... Er liebte seinen Schöpfer von ganzem Herzen, alle Tage pries er ihn mit Liedern« (Sir 47,4f.8).

Die Menschen übersehen die Sünde nicht, die David bei seinem Ehebruch begangen hat. Aber es hält ihm diese Schuld nicht ständig vor. Das ist heute häufig anders, gerade, wenn man in der Öffentlichkeit steht und damit auch in den Medien: Wenn einer sich in seiner Leidenschaft zu einem schuldhaften Verhalten hinreißen lässt, wird er erbarmungslos verfolgt, gebrandmarkt. Er hat keine Chance mehr und häufig gibt man ihm auch nicht die Möglichkeit, sich zu entschuldigen oder auch nur das eigene Verhalten als schuldhaft anzuerkennen. Dieses radikale Verurteilen offenbart jedoch häufig nur die Härte derer, die ihre eigene Leidenschaft verdrängt haben.

Das Buch Jesus Sirach nennt auch die Sünde des David, doch der Autor schließt sein Lob mit den Worten: »Der Herr verzieh ihm seine Sünde und begründete seine Macht für immer« (Sir 47,11).

Der Prophet Elija

Ein leidenschaftlicher Mensch war auch der Prophet Elija. Jesus Sirach sagt von ihm: »Da stand ein Prophet auf wie Feuer, seine Worte waren wie ein brennender Ofen« (Sir 48,1). Am Berg Horeb stellt Gott Elija zur Rede: »Was willst du hier?« Er antwortet: »Mit leidenschaftlichem Eifer bin ich für den Herrn, den Gott der Heere, eingetreten, weil die Israeliten deinen Bund verlassen, deine Altäre zerstört und deine Propheten mit dem Schwert getötet haben. Ich allein bin übriggeblieben, und nun trachten sie auch mir nach dem Leben« (1 Kön 19,10).

Im leidenschaftlichen Kampf gegen die Baalspriester feiert Elija einen großen Erfolg. Doch als die Königin Isebel ihn verfolgt, flieht er in die Wüste und möchte am liebsten sterben. Er fällt in eine große Traurigkeit, weil er spürt, dass er auch nicht besser ist als seine Väter, denn das, was er in anderen bekämpft, ist auch in ihm selbst. Gott muss ihn in die Schule nehmen, damit er ihn nicht nur im Erdbeben, im Sturm und im Feuer sucht, sondern im schweigenden Säuseln des Windes erkennt (vgl. 1 Kön 19,13).

Das Erdbeben steht für die Macht Gottes, der alles Böse dem Erdboden gleichmachen soll. Der Sturm weist auf die leidenschaftliche Begeisterung, die manche Gläubige bei ihrem Lobpreis erfahren, ähnlich wie das Feuer, das in den Menschen entfacht wird.

Doch wir sollen Gott nicht mit Begeisterung identifizieren. Er ist jenseits der leidenschaftlichen Gefühle, jenseits des Feuers im Schweigen, in der Stille. Dort lösen sich alle Bilder auf, die wir uns von Gott gemacht haben. Und wir berühren Gott in seinem innersten Sein. Diese Stille erfüllt mit einer neuen inneren Kraft.

Braut und Bräutigam im Hohelied

Wenn wir in der biblischen Konkordanz nach dem Begriff »Leidenschaft« suchen, so wird diese meistens negativ gesehen. Da ist von den Leidenschaften die Rede, die uns beherrschen. Doch im Hohelied im Alten Testament wird die Leidenschaft mit der Liebe identifiziert:

Die Liebe zwischen Braut und Bräutigam ist leidenschaftlich. Von ihr sagt dieses wunderbare Buch: »Stark wie der Tod ist die Liebe, die Leidenschaft ist hart wie die Unterwelt. Ihre Gluten sind Feuergluten, gewaltige Flammen. Auch mächtige Wasser können die Liebe nicht löschen, auch Ströme schwemmen sie nicht weg« (Hld 8,6f).

Die Liebe ist eine Leidenschaft, die stärker ist als der Tod. Natürlich kann sie auch gefährlich werden und uns verbrennen. Aber grundsätzlich sieht das Hohelied die Leidenschaft der Liebe positiv. Man kann sie mit noch so viel Geld nicht aufwiegen: »Böte einer für die Liebe den ganzen Reichtum seines Hauses, nur verachten würde man ihn« (Hld 8,7). Daher gilt es, mit diesem kostbaren Geschenk achtsam und liebevoll umzugehen.

Petrus und Paulus

Das Neue Testament schildert uns die beiden wichtigsten Apostel als leidenschaftliche Menschen: Petrus und Paulus.

Petrus ist voller Leidenschaft für seinen Herrn. Er reagiert oft als Erster auf die Worte Jesu. So bekennt er auf die Frage, für wen die Jünger Jesus halten: »Du bist der Messias, der Sohn des lebendigen Gottes« (Mt 16,16). Jesus lobt ihn für dieses Bekenntnis. Doch als er von seinem kommenden Leiden erzählt, nimmt ihn Petrus beiseite und macht ihm heftige Vorwürfe: »Das soll Gott verhüten, Herr! Das darf nicht mit dir geschehen« (Mt 16,22).

Petrus hat ein ganz bestimmtes Bild von Jesus. Dafür setzt er sich mit Leidenschaft ein. Doch er tut sich schwer, sich einen leidenden Messias vorzustellen. Jesus weist ihn deshalb scharf zurück: »Weg mit dir, Satan, geh mir aus den Augen! Du willst mich zu Fall bringen; denn du hast nicht das im Sinn, was Gott will, sondern was die Menschen wollen« (Mt 16,23).

Petrus muss lernen, seine Leidenschaft nicht für seine Vorstellung von Gott und von Jesus einzusetzen, sondern sich auf den Jesus einzulassen, der ganz andere Wege geht, als er es erwartet.

Als Jesus in der sogenannten Brotrede davon spricht, dass er den Menschen sein Fleisch zu essen gibt, finden das die Zuhörer unerträglich. Und auch viele Jünger wenden sich von ihm ab. Da fragt Jesus die Zwölf: »Wollt auch ihr weggehen?« Wieder ist es Petrus, der als Erster antwortet: »Herr, zu wem sollen wir gehen? Du hast Worte des ewigen Lebens« (Joh 6,68).

Vor der Passion beteuert Petrus: »Mein Leben will ich für dich hingeben!« (Joh 13,37). Doch kurze Zeit später verrät er Jesus, weil er feige den Mägden und Knechten des Hohepriesters ausweicht. Nach der Auferstehung bekennt er Jesus, dass er ihn leidenschaftlich liebt. Aber Jesus konfrontiert ihn mit seinem Versagen. Petrus ist also kein perfekter Mensch, sondern einer, der sich schnell begeistern lässt und sich für Jesus einsetzt, der sich aber auch schnell aus der Bahn werfen lässt. Mit der Zeit lernt er, sich mit seinen eigenen Grenzen und Schwächen auszusöhnen und seine Leidenschaft in die richtigen Bahnen zu lenken. Lukas schildert uns Petrus in der Apostelgeschichte als einen, der durch Tod und Auferstehung Jesu verwandelt worden ist und jetzt seine Leidenschaft für Jesus auf fruchtbare Weise in den Dienst der neuen Gemeinde stellt.

Paulus dagegen kämpft zunächst voller Leidenschaft gegen die frühen Christen, vor allem gegen die Anhänger des Diakons Stephanus. Stephanus gehörte zu den griechisch gebildeten Juden. Er verkündete eine Freiheit, die dem streng erzogenen Paulus gegen den Strich ging. Paulus nennt sich selbst einen Eiferer für das Gesetz: »In der Treue zum jüdischen Gesetz übertraf ich die meisten Altersgenossen in meinem Volk, und mit dem größten Eifer setzte ich mich für die Überlieferungen meiner Väter ein« (Gal 1,14). So wütete er gegen die Christen, die eine innere Freiheit dem Gesetz gegenüber verkündeten.

Doch dann erlebte er auf dem Weg nach Damaskus eine völlige Umkehr. Der berühmte Schweizer Psychologe C. G. Jung meinte, er kämpfte gegen die Christen als Vertreter einer neuen Freiheit, weil er eigentlich von dieser Freiheit fasziniert war, sie aber nicht mit seinem Gottesbild in Einklang bringen konnte.

Als Paulus auf dem Weg nach Damaskus zu Boden fällt, wandelt sich auf einmal die Leidenschaft für das Gesetz in einen leidenschaftlichen Einsatz für die Freiheit der Christen. Aber in seinem Kampf um die Freiheit vom Gesetz spürt man dessen alte Leidenschaft. Seine Psyche hat sich nicht geändert. Er kämpft nun nur für andere Ziele: nicht mehr für die genaue Erfüllung des Gesetzes, sondern für die Freiheit, zu der uns Christus befreit hat. Manchmal tritt in diesem Kampf für die Freiheit sein leidenschaftlicher Zorn zutage. So schreibt er voller Wut: »Diese Leute, die Unruhe bei euch stiften, sollen sich doch gleich entmannen lassen« (Gal 5,12). Das ist noch keine geläuterte Leidenschaft, sondern nur eine, die ihre Richtung geändert hat. Doch Paulus lernte auf harte Weise, durch viele schmerzliche Erfahrungen hindurch zu der Leidenschaft zu gelangen, die voller Liebe und Güte und Milde und Freundlichkeit ist (vgl. Gal 5,22f).

Maria von Magdala

Der Evangelist Johannes schildert Maria von Magdala ebenfalls als eine leidenschaftliche Frau. Schon »frühmorgens, als es noch dunkel war« (Joh 20,1), steht sie auf und macht sich auf den Weg zum Grab, um Jesu Nähe zu spüren. Johannes verwendet in der Schilderung Marias Motive aus dem Hohelied im Alten Testament. Da heißt es von der leidenschaftlich liebenden Braut: »Des Nachts auf meinem Lager suchte ich ihn, den meine Seele liebt. Ich suchte ihn und fand ihn nicht. Aufstehen will ich, die Stadt durchstreifen, die Gassen und Plätze, ihn suchen, den meine Seele liebt« (Hld 3,1f).

Maria von Magdala sucht den, den ihre Seele liebt. Als sie ihn im Grab nicht findet, eilt sie zu Petrus und Johannes. Beide machen sich auf den Weg und finden das Grab leer. Doch dann kehren sie in die Stadt zurück. Maria bleibt am Grab und weint. Ihre Tränen sind Ausdruck ihrer leidenschaftlichen Liebe zu diesem Jesus, der ihr das Leben gerettet hat, der sie – so erzählt uns Lukas – von sieben Dämonen befreit hat. Ihre leidenschaftliche Liebe wird belohnt: Sie begegnet dem auferstandenen Jesus. Zuerst meint sie, es sei der Gärtner. Doch als Jesus sie mit ihrem Namen anspricht, spürt sie seine Liebe und erkennt ihn als den, der den Tod überwunden hat, dessen Liebe stärker ist als der Tod. Und so wird Maria von Magdala zur ersten Verkünderin der Auferstehung. Augustinus wird sie später die *apostola apostolorum*, die Apostolin der Apostel nennen.

Gegen alle Hindernisse

Es waren also leidenschaftliche Männer und Frauen, die die Botschaft Jesu verkündet haben und für sie eingetreten sind. Diese Leidenschaft lässt sich durch Hindernisse nicht bremsen. Als die Ältesten des Volkes ihnen verbieten, zu den Menschen von Jesus zu sprechen, antwortet Petrus voller Freimut: »Ob es vor Gott recht ist, mehr auf euch zu hören als auf Gott, das entscheidet selbst. Wir können unmöglich schweigen über das, was wir gesehen und gehört haben« (Apg 4,19f). Als die Ältesten sie später ins Gefängnis werfen lassen, befreit sie ein Engel. Der Tempelhauptmann führt sie wieder vor den Rat der Ältesten. Dort werden sie ausgepeitscht und dann freigelassen. »Sie aber gingen weg vom Hohen Rat und freuten sich, dass sie gewürdigt worden waren, für seinen Namen Schmach zu erleiden« (Apg 5,41). Weder das Gefängnis noch das Auspeitschen kann sie von ihrer Leidenschaft abhalten, unermüdlich das Evangelium von Jesus, dem Christus, zu verkünden (vgl. Apg 5,42).

Der leidenschaftliche Jesus

Jesus selbst wird von den Evangelisten als ein leidenschaftlicher Mann beschrieben. Er sagt von sich: »Ich bin gekommen, um Feuer auf die Erde zu werfen. Wie froh wäre ich, es würde schon brennen« (Lk 12,49). Feuer ist ein Bild für die Leidenschaft für Gott. Jesus möchte sie in seinen Jüngern entzünden. Die Emmausjünger spürten etwas von diesem Feuer, das von Jesus ausging, als sie mit ihm gewandert waren, ohne zu wissen, dass er es ist, und ihn erst am Brechen des Brotes erkannten. Sie sagen zueinander: »Brannte uns nicht das Herz in der Brust, als er unterwegs mit uns sprach und uns den Sinn der Schrift erschloss?« (Lk 24,32). Als Jesus eine Geißel aus Stricken flocht und damit die Händler aus dem Tempel vertrieb, erinnerten sich seine Jünger an das Wort der Schrift: »Der Eifer für dein Haus verzehrt mich« (Joh 2,17 = Ps 69,10).

Das Markusevangelium erzählt uns die Geschichte von der Heilung des Mannes mit der verdorrten Hand. Man könnte sagen: Dieser Mann wollte sich nicht die Finger verbrennen. Er wollte immer nur Zuschauer sein. Er hatte keine Leidenschaft. Zu diesem Mann sagt Jesus voller Kraft: »Steh auf und stell dich in die Mitte!« (Mk 3,3). Das griechische Wort *egeire* könnte man auch mit »aufwachen« statt mit »aufstehen« übersetzen. Dann hieße es: »Wach endlich auf, bleibe nicht abseits vom Leben als Zuschauer. Lebe selbst.«

Als die Pharisäer Jesus genau beobachten, ob sie ihn anklagen könnten, weil er am Sabbat heilt, schaut er jeden Einzelnen von ihnen voller Zorn und voller Trauer an. Beides ist eine Leidenschaft. Aber Jesus wird von dieser Leidenschaft nicht beherrscht, sondern er setzt sie ein, um sich von den Pharisäern abzugrenzen, sich von ihrer Macht zu befreien. Er schreit sie nicht an, sondern vermittelt ihnen: Hier bin ich und ich tue das, was ich für richtig halte. Dort seid ihr mit eurem harten und verstockten Herzen. Das ist euer Problem. Ich gebe euch keine Macht. Er verwandelt den Zorn in die Kraft, aus der innersten Mitte heraus zu handeln. Jesus lehnt die Pharisäer nicht ab. Er trauert um sie, er hat Mitleid mit ihnen. Er fühlt sich in sie hinein und spürt, wie chaotisch und bitter es in deren Herzen ausschauen muss. Der Zorn gibt Jesus auch die Kraft, zu dem Mann mit der verdorrten Hand zu sagen: »Streck deine Hand aus!« (Mk 3,5). Er streckte sie aus und war geheilt. Bei dieser Heilungsgeschichte spürt man die Leidenschaft, mit der Jesus den Menschen heilt, mit der er ihn herausholen möchte aus dem bloßen Zuschauerdasein. Er möchte ihn zum Leben erwecken. Seine Leidenschaft für das Leben befähigt ihn zu heilen.

Noch eine andere Stelle zeigt die Leidenschaft Jesu: Er lehrt in einer Synagoge. Die Zuhörer »waren sehr betroffen von seiner Lehre; denn er redete mit Vollmacht« (Lk 4,32). Im Griechischen heißt es hier: *en exousia en ho logos autou. Exousia* heißt wörtlich: aus dem Sein heraus war seine Rede. Das Wort, das Jesus verkündete, kam aus seinem Sein heraus. Er hat nicht moralisiert und nicht über Gott gesprochen, sondern so gesprochen, dass Gottes Sein spürbar wurde. Die Worte, die Jesus aus dem Sein, aus der Essenz heraus sprach, bewirken auch an anderer Stelle, dass sich der »unreine Geist« in einem Mann bemerkbar macht und aufschreit. Er spürt die Kraft, die vom Wort Jesu ausgeht. Dieser Mann lebt nicht aus dem Sein, sondern aus einem Schein, aus einer verfälschten, getrübten, unreinen Wirklichkeit. Die Menschen staunen über Jesus. »Da waren alle erstaunt und erschrocken, und einer fragte den anderen: Was ist das für ein Wort? Mit Vollmacht und Kraft befiehlt er den unreinen Geistern und sie fliehen« (Lk 4,36).

Jesus hat in sich eine Kraft, eine *dynamis*, eine Leidenschaft, ohne dass er autoritär auftritt. Seine Leidenschaft kommt aus seinem Sein heraus. Daraus beziehen seine Worte ihre Kraft, die etwas bewirkt im Menschen. Es ist eine leidenschaftliche Kraft, die aber nicht mit lautem Getöse daherkommt. Jesus spricht einfach Worte aus, die aus seinem Herzen kommen. Die Menschen spüren die Vollmacht, mit der er spricht. Sie strömt aus dem Sein heraus. So geht von seinen Worten eine Kraft aus, über die alle staunen, über die sie aber auch erschrecken, weil sie so außergewöhnlich ist.

Was der Evangelist Lukas hier von Jesus schreibt, das gilt auch für jeden Menschen, der Macht ausübt. Wenn er mit seiner Macht nicht seine Minderwertigkeitskomplexe kompensiert, sondern die Macht aus dem Sein, aus seiner Mitte heraus ausübt, dann wird sie zum Segen für die Menschen. Dann muss er nicht autoritär agieren, sondern er wird mit seiner Leidenschaft die Menschen zu ihrem wahren Sein, zu ihrer Mitte führen. Er wird in anderen die falschen Selbstbilder ans Licht locken und sie einladen, sich von diesen zu verabschieden. Viele sehen heute Macht eher als etwas Negatives an. Aber eigentlich ist sie ja die Kraft, etwas durchzusetzen, etwas zu gestalten, etwas zu bewirken. Jesus bewirkt mit seiner Macht Heilung, er befreit die Kranken von den Bildern, die ihr wahres Selbst trüben. Darum geht es auch, wenn wir in Firmen oder in der Politik oder in Vereinen Macht ausüben. Die Macht soll aus dem Sein fließen. Dann hat sie Kraft, Dynamik. Dann bringt sie auch andere Menschen in ihr Sein, in ihre Mitte, in ihre Kraft.

Das Pfingstereignis als Erweckung zur Leidenschaft

Das Pfingstereignis beschreibt uns der Evangelist Lukas als eines, das die Leidenschaft der Jünger weckt. Der Heilige Geist kommt wie ein Sturm herab und erfüllt das ganze Haus, in dem die Apostel weilen. Der Heilige Geist legt sich als Feuerzunge auf die Apostel. Da springt ein Funke auf sie über. Dieser Funke weckt ihre Leidenschaft und auf einmal beginnen diese jungen Männer so zu reden, dass alle sie verstehen, auch die Menschen aus anderen Gegenden, die eine andere Sprache sprechen.

Doch für die Jünger ist das kein Strohfeuer. Sie lassen ihre Leidenschaft vom Heiligen Geist wecken und leben sie dann auch. Sie übersetzen ihre Leidenschaft in ihr Tun hinein und lassen sich auch nicht aufhalten, als sie Widerstand erfahren, als Petrus und Johannes ins Gefängnis geworfen werden, als sie aus Jerusalem vertrieben werden. Stattdessen beginnen sie, die Frohe Botschaft von Jesus in Samaria zu verkünden.

Die frühen Christen waren so voller Leidenschaft, dass sie in die ganze Welt hinauszogen, um die Botschaft Jesu allen Menschen zu verkünden. Und sie hielten ihre Leidenschaft auch durch, als sie verfolgt und oft genug durch staatliche Stellen getötet wurden. Diese Leidenschaft der ersten Christen bräuchten wir heute noch. Dann würden wir in einer Welt, die der christlichen Botschaft kritisch gegenübersteht, mit Kraft die Botschaft Jesu verkünden, in der Überzeugung, dass diese dem Wesen der Menschen entspricht und sie befähigt, in das einmalige Bild hineinzuwachsen, das Gott sich von jedem gemacht hat. Und wir würden den Menschen die Hoffnung vermitteln können, dass das Leben einen Sinn hat, dass es sinnvoll ist, sich für diese Welt einzusetzen, dass sie menschlicher, barmherziger, liebevoller und friedlicher wird. Wir würden uns von Widerständen nicht lähmen lassen, sondern uns voller Hoffnung weiterhin leidenschaftlich für die Menschen einsetzen.

KAPITEL III

Wie finde ich meine Leidenschaft und wie kann ich sie aufwecken?

In jedem Menschen steckt Leidenschaft, auch wenn sie unterschiedlich stark ausgeprägt ist. Es kommt nur darauf an, sie zu finden und sie zum Leben zu erwecken, sie zu stärken und zu kultivieren. Es geht aber auch darum, sie zu verwandeln, wenn sie sich sozusagen mit dem falschen Vorzeichen zeigt, sodass wir sie für das Gute und Schöne einsetzen können.

Woher kommen die Leidenschaften?

Thomas von Aquin ist der Ansicht, dass die Leidenschaften etwas sind, was wir mit den Tieren gemeinsam haben. Es sind also Eigenschaften des Lebendigen überhaupt. Das Sinnliche gehört wesentlich zu allen Lebewesen. Doch für den Menschen kommt es darauf an, das Sinnliche für den Geist durchlässig zu machen. Mit den Sinnen nehmen wir die Welt wahr, und wir können uns daran freuen. Thomas von Aquin betrachtet Leib und Seele als eine Einheit. Das vernünftige Wollen soll sich auch im Leidenschaftlich-Körperlichen äußern. Die Leidenschaften – so meint Thomas – entstammen dem Strebevermögen, das immer das Sinnliche und Seelische miteinander verbindet. Dabei unterscheidet er zwei verschiedene dieser Vermögen. Zunächst ist da das begehrende Strebevermögen. Es zielt auf ein Gut, das es begehrt und erreichen möchte. Zu den Leidenschaften, die dem begehrenden Strebevermögen entspringen, gehören »Freude, Trauer, Liebe, Hass und Ähnliche« (Thomas von Aquin, Summa Theologica 23,1). Daneben gibt es das überwindende Strebevermögen. Gemeint ist die Kraft im Menschen, Hindernisse aus dem Weg zu räumen, die das Begehren behindern, das Begehrte zu erlangen. Dem überwindenden Strebevermögen ordnet Thomas Leidenschaften zu »wie Tapferkeit, Furcht, Hoffnung und dergleichen« (ebd.).

Die griechischen Philosophen diskutieren sehr verschieden über die Herkunft der Leidenschaften. Die Philosophen, die Platon und Aristoteles folgen, behaupten, dass die Leidenschaften aus dem Leib beziehungsweise aus den »niederen Teilen« der Seele stammen. Die stoische Philosophie dagegen ist der Überzeugung, die Leidenschaften stammen aus einem falschen Urteil über die Dinge des Lebens. Manche stoischen Philosophen behaupten sogar, die Leidenschaften entstünden aus einer Erkenntnis- und Willensschwäche des Menschen.

Die heutige Psychologie folgt eher der Ansicht des Thomas von Aquin, dass die Leidenschaften dem sinnlichen Bereich der menschlichen Seele entspringen. Sie sind weder gut noch böse. Es kommt darauf an, wie der Mensch mit ihnen umgeht, ob er sie einsetzt, um Leben zu wecken oder um Leben zu behindern oder gar zu vernichten.

Für den Psychotherapeuten Peter Kutter ist ein Mensch ohne Leidenschaften ein kranker Mensch. Die Psychologie spricht in diesem Fall von Alexithymie. Menschen, die darunter leiden, »haben nicht nur keine Worte für ihre Gefühle, sie können sie überhaupt nicht wahrnehmen. Ihre körperliche Erlebnisfähigkeit und damit ihr ganzes Menschsein ist gestört. Sie sind kaum fähig zu fühlen, sind gefühlsarm, gefühlsleer. Das heißt immer auch: beziehungslos und beziehungsarm« (Kutter 15f).

Ähnlich wie Thomas von Aquin meint auch Kutter, dass die Triebfedern der Leidenschaft körperlicher Natur sind. Dabei bezieht er sich auf das Verständnis der Leidenschaften von Sigmund Freud: »Leidenschaften sind somit von Trieben gespeist, die ihrerseits tief in der Persönlichkeit verankert, aus körperlichen Quellen stammen« (Kutter 36). Allerdings setzt sich Kutter auch von Sigmund Freud ab, weil er der Überzeugung ist, dass die psychoanalytische Triebtheorie »der Vielfalt und Komplexität menschlicher Leidenschaften nicht gerecht wird. Wir benötigen dazu eine umfassende Theorie ... eine Psychologie der Leidenschaften, die zugleich eine Lehre der zwischenmenschlichen Beziehungen darstellt« (Kutter 36).

Für Kutter ist unsere Leidenschaft immer schon auf andere Menschen ausgerichtet. Sie zeigt unsere innere Verbindung mit den Menschen und unser Interesse an ihnen. Wir gehen nicht achtlos am anderen vorbei. Der Mensch, den wir begehren, weckt in uns die Leidenschaft nach ihm. Aber auch der Mensch, der Unrecht leidet, entfacht in uns die Leidenschaft, für ihn einzutreten und leidenschaftlich für ihn zu kämpfen.

Wenn wir diese etwas theoretischen Ausführungen konkret in unser Leben übersetzen, können wir sagen: Die Leidenschaften haben ihren Ursprung in der Vitalität, die wir mit den Tieren teilen. Es sind Triebe, die uns antreiben zum Leben. Wir dürfen sie nicht abschneiden oder unterdrücken, sonst haben wir keinen inneren Antrieb. Unsere Aufgabe besteht darin, die Triebe zu verwandeln, damit sie wirklich Antreiber zum Leben werden. Es gehört Demut dazu, sich einzugestehen, dass wir Triebe haben und uns darin nicht vom Tier unterscheiden. Aber zugleich sollten wir darauf vertrauen, dass wir sie humanisieren, dass wir sie verwandeln können in lebensfördernde Kräfte.

Evagrius Ponticus macht drei Grundtriebe aus, die wir mit den Tieren gemeinsam haben: der Esstrieb, der Sexualtrieb und der Trieb, etwas zu besitzen. Alle sind Antreiber zum Leben. Der Esstrieb lädt uns ein, das Leben zu genießen, der Sexualtrieb, die Liebe leibhaft zu genießen. Und das Besitzstreben verlockt uns dazu, immer mehr zu haben. Alle drei werden in der christlichen Tradition verwandelt in geistige Triebe. Das Essen gipfelt in der heiligen Mahlzeit, in der Eucharistie, in der wir eins werden mit Christus und – wie die Frauenmystik des Mittelalters die Eucharistie versteht – die Süßigkeit der Liebe Jesu kosten. Die Sexualität wird von der Mystik verwandelt in die Sehnsucht nach dem Einswerden mit Gott. Und das Besitzstreben kommt zur Ruhe, wenn der Mensch den Schatz in sich selbst entdeckt, den Reichtum seiner Seele, das wahre Selbst. Doch alle Triebe können auch zur Sucht werden, zur Esssucht oder Trinksucht, zur Sexsucht und zur Habsucht. Der Trieb ist weder gut noch böse. Es liegt an uns, wie wir ihn von Gott in einen spirituellen Trieb verwandeln lassen, in eine spirituelle Leidenschaft, die unserer Spiritualität die *dynamis*, die Kraft verleiht, diese Welt zu gestalten und sie zu verwandeln.

Wozu dienen die Leidenschaften?

Die Leidenschaft macht den Menschen lebendig und sein Leben lebenswert. Der leidenschaftliche Mensch ist fähig, sich für eine Sache zu begeistern, ob das die Arbeit ist oder die Kunst oder die Wissenschaft und Forschung. Und er lässt sich leidenschaftlich gerne auf andere Menschen ein. Leidenschaft öffnet uns für den anderen, sodass wir gerne mit ihm sprechen und voller Leidenschaft mit ihm neue Ideen entwickeln. Wir empfinden Nähe und Lebendigkeit. Leidenschaftliche Menschen verstehen ihr Leben als Dienst für andere. Sie setzen sich für sie ein, vor allem für die Armen und an den Rand Gedrängten, für die Benachteiligten und Übersehenen.

Doch die Leidenschaft dient auch dem Einzelnen dazu, dass er sein Leben nicht als Stückwerk erlebt, sondern als Einheit. Die Salutogenese, ein von dem israelisch-amerikanischen Medizinsoziologen Aaron Antonovsky erarbeitetes Konzept über die Zusammenhänge der Entstehung und Erhaltung von Gesundheit, spricht hier von Kohärenz: Der leidenschaftliche Mensch hat das Gefühl, dass alles, was er ist, was er denkt und tut, zusammenhängt und ein Ganzes ergibt. Die Leidenschaft zerreißt den Menschen nicht, sondern führt ihn zusammen. Er ist ganz und gar in seiner Leidenschaft, die alle seine Kräfte auf ein einziges Ziel oder auf einen konkreten Menschen hin sammelt.

Wer sein Leben in dieser Weise als sinnvoll erlebt, der versteht seinen Dienst am anderen darin, in ihm Leben zu wecken. Er lässt nicht locker, bis er in den Mitarbeitern, in den Kindern, in den Freunden Leben hervorlockt. Er glaubt an das Leben in sich selbst und in den anderen. Daher setzt er sich voller Leidenschaft dafür ein, dass alle ihre eigene Lebendigkeit entdecken können. Leidenschaft ist Ausdruck von Lebendigkeit. Und sie hat in sich die Kraft und Fähigkeit, andere Menschen zu berühren, zu begeistern, zu motivieren und zu inspirieren. Leidenschaft ist das Gegenteil von Gleichgültigkeit, von Selbstzufriedenheit, von Routine und Leere. Gleichgültige Menschen kreisen nur um sich selbst. Der leidenschaftliche Mensch ist verbunden mit anderen. Allerdings gibt es auch solche, die ihre Visionen zwar leidenschaftlich verfolgen, dabei aber an den Menschen und ihren Bedürfnissen vorbeigehen. Sie sind blind für jene, mit denen sie ihre Visionen erfüllen wollen. Sie benutzen sie für ihre Ziele, anstatt sie wahrzunehmen und sie zu inspirieren.

Friedrich Nietzsche hat leidenschaftlich gegen ein Christentum gekämpft, in dem die Verdammung der Leidenschaften durch eine enge Moral-Lehre dazu geführt hat, dass das Leben kraftlos und langweilig geworden ist. Die Leidenschaften sind der Grund, dass der Mensch Lust am Leben empfindet. »Ohne Lust kein Leben«, schreibt er. Und an einer anderen Stelle heißt es: »Das Unlogische der Leidenschaften ist notwendig zum Leben« (zitiert nach Kutter 45). Nietzsche meint, das Christentum habe nur das Apollinische der griechischen Mentalität übernommen, indem es vor allem die Vernunft betonte. Doch das Dionysische, das Leidenschaftliche, Rauschhafte, Lustvolle hat es aus der Spiritualität verbannt.

Die frühe Kirche sah das noch anders. Das bleibt erkennbar an der Wahl eines Festtages: In der orthodoxen Kirche wird am 6. Januar Weihnachten gefeiert. Im antiken Dionysoskult stellte man in der Nacht vom 5. auf den 6. Januar drei Krüge Wasser in den Dionysostempel, in der Hoffnung, dass das Wasser über Nacht zu Wein werde. In der Liturgie der Kirche wird an diesem Tag das Evangelium von der Hochzeit zu Kana vorgelesen, bei der Jesus sechs Krüge Wasser in Wein verwandelt hat. Damit soll zum Ausdruck gebracht werden, dass Christus die Sehnsucht erfüllt, die sich im dionysischen Kult ausdrückte. Ambrosius spricht von der *sobria ebrietas*, die für den christlichen Glauben kennzeichnend ist: der nüchternen Trunkenheit.

Bei aller Kritik sieht Nietzsche durchaus auch etwas Positives an der Religion. Sie ist ein Mittel gegen die Eintönigkeit des Lebens. Die Lust ist für Nietzsche ein wichtiges Motiv für Spiritualität, doch in der Religion, wie sie Nietzsche im evangelischen Pfarrhaus seiner Eltern erlebt hat, vermisste er die Lust am Leben. Er erkannte zudem, dass die rigide Form der Spiritualität seiner Eltern eine neue Eintönigkeit hervorrief. Nietzsche achtete Jesus und erkannte in ihm »ein Maximum an menschlicher Größe, edler Gesinnung, Herzenswärme« (TRE Bd 24, 514). Seine Kritik am Christentum bezieht sich vor allem auf die Deutung, die Paulus dieser Religion gegeben hat. Was ihn stört, ist »der Hass auf die Welt, der Fluch auf die Affekte, die Furcht vor der Schönheit und Sinnlichkeit, ein Jenseits, erfunden, um das Diesseits besser zu verleumden« (KGW III 1,12f, zit. in TRE 515). Auch wenn Nietzsches Kritik des Christentums oft maßlos und verzerrend ist, so spricht er doch wichtige Defizite an. Gegenüber einem vergeistigten Christentum, das die Sinnlichkeit verloren hat oder bewusst ausblendet, braucht es wieder die Leidenschaft für den Menschen und – wie der Philosoph Herbert Marcuse es ausdrückt – »eine erotische Einstellung zum Sein« (TRE 522).

Benedikt verlangt von seinen Mönchen Leidenschaft für das geistliche Leben. Im 72. Kapitel – gleichsam dem Vermächtnis Benedikts an seine Mönche – schreibt er vom bitteren und bösen Eifer, aber auch vom guten Eifer, der »zu Gott und zum ewigen Leben führt. Diesen Eifer sollen also die Mönche mit glühender Liebe in die Tat umsetzen« (RB 72,2f). Im Lateinischen steht hier *zelus*. Das meint Eifer, aber auch Leidenschaft. Die Leidenschaft wird ebenfalls spürbar, wenn Benedikt von der »glühenden Liebe – *ferventissimo amore*« spricht. Er nutzt hier den Superlativ, die »glühendste Liebe«, die es gibt. *Amor* meint hier nicht die Gottesliebe, sondern tatsächlich die erotische Liebe. Diese glühende Liebe sollen die Mönche in die Tat umsetzen, wenn sie einander in gegenseitiger Achtung begegnen, wenn sie ihre körperlichen und charakterlichen Schwächen in unerschöpflicher Geduld ertragen. Auch in diesem Zusammenhang nutzt Benedikt den Superlativ: *patientissime*. Da spürt man die Leidenschaft, die der Mönch in die Annahme seiner Brüder, die manchmal nicht so einfach zu ertragen sind, hineinlegen soll.

Das geistliche Leben ist für Benedikt mehr als die Erfüllung von Pflichten und das Befolgen von Geboten. Es braucht die Leidenschaft für Christus: »Christus sollen sie überhaupt nichts vorziehen« (RB 72,11). Auch an dieser Stelle verwendet Benedikt eine leidenschaftliche Sprache: *omnino nihil*, überhaupt nichts, ganz und gar nichts, absolut nichts. Nur wer das geistliche Leben mit Leidenschaft zu leben versucht, wird die Erfahrung machen, die Benedikt den Mönchen schon im Prolog verspricht: dass er Lust am Leben hat. Am Ende des Prologs heißt es: »Wer im klösterlichen Leben und im Glauben fortschreitet, dem wird das Herz weit, und er läuft in unsagbarem Glück der Liebe den Weg der Gebote Gottes« (RB, Prolog 49). Auch hier spürt man die Leidenschaftlichkeit Benedikts. Er spricht von *inenarrabili dilectionis dulcedine*, von einer Süßigkeit der Liebe, die man nicht mehr mit Worten ausdrücken kann, die unbeschreiblich ist.

Wenn wir zum Schluss dieser Betrachtung noch einmal fragen, wozu die Leidenschaft dient, dann können wir zusammenfassen: Sie dient dazu, das Leben in uns und in anderen zu wecken. Sie dient einer Intensivierung des Lebens. Sie dient auch einer lebensbejahenden Spiritualität, die die Kraft besitzt, die Menschen zu berühren und zu bewegen. Und sie dient einem Glauben, der die leidenschaftliche Kraft Jesu widerspiegelt und daher diese Welt im Geist Jesu gestalten kann.

Wenn wir in unsere Welt hineinschauen, werden wir an vielen Orten solchen leidenschaftlichen Menschen begegnen. Mutter Teresa hat sich leidenschaftlich für die Kranken und Armen in Kalkutta eingesetzt und mit ihrem Engagement viele junge Frauen angesteckt, die es ihr gleichtaten. Bei der Einweihung des Recollectio-Hauses bin ich Henri Nouwen begegnet, der eine leidenschaftliche Ansprache zur Eröffnung hielt. Im anschließenden Gespräch beim Abendessen habe ich gespürt, wie sich dieser sensible holländische Theologe und Psychologe voller Leidenschaft für ein wahrhaftiges christliches Leben einsetzte. Seine Leidenschaft galt der Ehrlichkeit, mit der wir Christen auf uns und unser geistliches Leben schauen sollen. Das geistliche Leben darf keine Flucht sein vor dieser leidenschaftlichen Ehrlichkeit und Wahrhaftigkeit uns selbst gegenüber.

Im letzten Jahr ist die Politikerin Barbara Stamm gestorben. Auch sie hat sich leidenschaftlich für die Menschen am Rand der Gesellschaft eingesetzt. Sie war das soziale Gewissen der CSU. Man nannte sie die »Mutter Frankens«, weil sie mit Leidenschaft eine Politik der sozialen Gerechtigkeit vorangetrieben hat. Dabei scheute sie in ihrer Amtszeit auch nicht den Konflikt mit dem damaligen bayrischen Ministerpräsidenten Edmund Stoiber. Sie hat ihre Leidenschaft auch nicht verloren, als sie politischen Gegenwind zu spüren bekam, und ist sich immer treu geblieben.

Wenn wir unsere Augen öffnen, werden wir auch in unserer Umgebung leidenschaftliche Menschen entdecken. Pfarrer, die sich für die Menschen einsetzen, die eine lebendige Gemeinde schaffen möchten. Bürgermeister, die alles dafür tun, dass die Gemeinde für alle zur Heimat werden kann, und die ihre Leidenschaft auch nicht verlieren, wenn sie in der Öffentlichkeit angegriffen und beschimpft werden. In vielen Unternehmen gibt es leidenschaftliche Führungskräfte und Mitarbeiter, die sich bemühen, dass die Menschen sich wertgeschätzt fühlen, dass sie einen Sinn in ihrem Leben finden.

Aus unserem klösterlichen Bereich möchte ich nur ein Beispiel herausgreifen: unseren früheren Cantor Godehard Joppich, der letztes Jahr 90 Jahre alt geworden ist. Er konnte selbst die 250 Jugendlichen, die an unserem Osterkurs teilnahmen, für den gregorianischen Choral begeistern. Wenn er Choralproben mit der Schola hatte, habe ich seine Leidenschaft gespürt. Er wollte die biblischen Worte durch den Choralgesang so hörbar werden lassen, dass die Herzen der Menschen davon berührt werden. Manchmal empfanden die Mitglieder in der Schola die Gesänge – vor allem an Ostern – als zu hoch angestimmt. Doch Godehard Joppich meinte nur: »Es ist doch Ostern.« An Ostern muss man einfach aufstehen und singen.

Ähnlich leidenschaftlich war unser langjähriger Organist Pater Augustin, der die Liturgie mit Hingabe begleitet hat. Man spürte einfach an der Musik: Es ist Ostern oder es ist Pfingsten. Das Geheimnis des Festes wurde hörbar in seinem Orgelspiel. So wird jeder in seinem persönlichen Bereich leidenschaftliche Menschen entdecken können. Ohne sie wäre das Leben langweiliger, es hätte weniger Farbigkeit, weniger Geschmack. Leidenschaftliche Menschen sind ein Segen für die Menschen. Sie wecken auch in anderen Leben.

Ein anderes Beispiel aus Taiwan: Herr Tsai ist der Leiter einer Grundschule im Gebiet der Ureinwohner. Er merkte, dass die Kinder nach dem Unterricht am Nachmittag keine sinnvolle Beschäftigung hatten und auch kein Selbstvertrauen entwickelten. Sie leben oft bei den Großeltern, weil die Eltern in der Stadt arbeiten. Die Großeltern haben aber auch kaum Zeit für sie, da sie auf dem Feld arbeiten müssen. Da kam Herr Tsai die Idee, zusammen mit der Dirigentin Frau Muni Takivalit einen Chor ins Leben zu rufen. Dabei nahm er die musikalische Begabung dieser Kinder wahr. Er gab seine Stellung als Schulleiter auf und gründete unabhängig von der Schule einen Kinderchor mit dem Namen »Puzangalan Children's Choir«. »Puzangalan« bedeutet »Hoffnung«. Herr Tsai hat diesen Chor gegründet, um den Kindern Hoffnung zu schenken, dass sie ihre Fähigkeiten einsetzen, durch ihre Auftritte vor größerer Öffentlichkeit

Anerkennung bekommen und ihre eigene Würde spüren. Jeden Samstag übt er mit ihnen, gibt ihnen aber zugleich Nachhilfe in anderen Fächern, damit sie in der Schule gut zurechtkommen. Inzwischen hat dieser Chor bei internationalen Chorwettbewerben zum Beispiel in Italien, Japan, Tschechien und Deutschland einige Preise bekommen. Die Leidenschaft des Lehrers hat vielen Kindern ermöglicht, in die Welt zu reisen. Das gibt den Kindern Selbstvertrauen und sie sehen voller Zuversicht in ihre Zukunft, die zuvor so eng und fast aussichtslos erschien.

Ein weiteres Beispiel ist Chen Shu-chu, eine einfache Gemüsehändlerin, die mit ihrem bescheidenen Einkommen anonym immer große Spenden an Schulen und Krankenhäuser gegeben hat. Sie hatte ein schweres Schicksal. Ihre Mutter und zwei Brüder starben früh, sie selbst konnte nie einen Schulabschluss machen. Sie hat sich nie über ihre Situation beschwert, sondern sie zum Anlass genommen, sich für die Kinder einzusetzen, die es ebenfalls schwer haben. Sie blieb nicht in der Opferrolle, sondern hat von ihrem kleinen Gehalt gespart und sich für mehr Bildung in der Provinz eingesetzt, damit andere Kinder eine bessere Zukunft haben können als sie selbst. Für eine Grundschule hat sie eine eigene Bibliothek gebaut. Sie wollte immer unerkannt bleiben, doch schließlich bekamen die Medien doch heraus, wer hinter den Spenden steckte, und so erhielt sie staatliche Preise in Taiwan und auch internationale Auszeichnungen. Doch all das interessierte sie nicht, sie hat die Preise und Preisgelder an Krankenhäuser weitergegeben. Sie selbst blieb immer die einfache und bescheidene Gemüsehändlerin mit einem kleinen Einkommen. Um ihre Leidenschaft für die Bildung der Kinder durchzuhalten und selbst sparsam und arm zu leben, bedurfte es einer spirituellen Disziplin, die man nur bewundern kann.

Diese Beispiele zeigen: Um sich leidenschaftlich für andere einzusetzen, muss ich nicht warten, bis ich Zugriff auf besondere Ressourcen habe. Jeder Mensch kann den Traum, den er hat, mit seinen Fähigkeiten und Ressourcen leidenschaftlich verwirklichen. Viele Menschen sagen: Ich bin nichts Besonderes, ich kann nichts Großes leisten. Es geht auch nicht um äußerlich Großes, sondern darum, dass ich mich mit meinen Mitteln und mit meiner Person und meiner Lebensgeschichte leidenschaftlich für andere Menschen einsetze und mit Leidenschaft meinen Traum von einem sinnvollen Leben zu verwirklichen suche. Wenn die Menschen meine Leidenschaft für das Leben spüren, wird meine Leidenschaft auch für sie zum Segen.

Wie finde ich meine Leidenschaft?

Eine Möglichkeit, meine Leidenschaft wiederzuentdecken, ist der Rückblick in die Kindheit. Ich denke darüber nach, was ich als Kind leidenschaftlich gerne gemacht habe, was ich gerne gespielt habe, wofür ich mich begeistern konnte. Dann spüre ich mich in dieses leidenschaftlich spielende Kind hinein und frage mich: Was ist da in mir angesprungen? Was hat mich damals so fasziniert? Dann bestünde die Aufgabe darin, mich zu fragen: Wie komme ich jetzt an diese Leidenschaft wieder heran? Kann ich das, was ich als Kind gerne gespielt habe, auf meine Arbeit im jetzigen Beruf übertragen oder auf meine Freizeit, mein sonstiges Tun? Wenn mir das gelingt, dann werde ich auch heute mit Leidenschaft leben.

Ein Beispiel: Ein Architekt erzählte, als Kind habe er leidenschaftlich gern in einem benachbarten Schuppen immer wieder Neues entdeckt. Das war für ihn ein Abenteuer, schon weil es sich für ihn verboten anfühlte. Als er diese Leidenschaft für das Abenteuer, für das Nicht-Normale, das Verbotene auf seine heutige Tätigkeit bezog, merkte er: Alles, was nach der vorhandenen Routine abläuft, macht ihm keinen Spaß. Das lähmt ihn eher und raubt ihm alle Energie. Aber dort, wo er etwas ganz Neues entdecken kann, wo er bei allen vorhandenen Vorschriften auslotet, was es an bisher Unmöglichem zu verwirklichen gibt, lebt er auf. Dort hat er unbegrenzte Energie, erwacht seine Leidenschaft.

Ein anderes Beispiel: Eine Ingenieurin, Leiterin einer großen Abteilung für Qualitätsmanagement, erzählte in einem Kurs, dass sie gerne auf dem Hügel saß und einfach nur den Sonnenuntergang beobachtete. Da war sie ganz lebendig, das hat sie fasziniert. Die anderen Kursteilnehmer spiegelten ihr, dass diese Leidenschaft für das Schöne des Sonnenuntergangs doch gut zu ihrer Arbeit passe. Sie solle nicht zwanghaft auf Fehlerlosigkeit achten, sondern das Schöne und Gute beobachten, das jeden Tag neu geschieht, so wie die Sonne jeden Tag untergeht. Dieses kontemplative Schauen mitten in der Hektik einer technisch orientierten

Firma gibt ihr selbst Kraft und ihrer Arbeit etwas Angenehmes und Leben Weckendes. Als die Teilnehmer des Kurses ihr das sagten, spürte sie in sich wieder eine neue Leidenschaft für ihre Aufgabe.

Noch ein Beispiel: Ein Priester, der müde geworden war in seinem Beruf, weil trotz all seiner Anstrengungen immer weniger Menschen in die Kirche kamen, erzählte mir, dass er als Kind leidenschaftlich gerne kleine Bäche mit Steinwällen angestaut oder sie umgeleitet habe. Das funktionierte zwar nie so richtig, aber immer wieder ging er von Neuem daran. Als wir über seine Seelsorgearbeit sprachen, erkannte er: Es geht nicht darum, möglichst viele Menschen in den Gottesdienst zu bringen, sondern Seelsorge besteht darin, den Lebenslauf von Menschen, der ins Stocken geraten ist, wieder zum Fließen zu bringen und die Lebenslinie, die in die falsche Richtung läuft, wieder in die richtigen Bahnen zu bringen. Das Bild hat in ihm wieder die Leidenschaft für die Seelsorge entfacht.

Wenn wir mit den Bildern unserer Kindheit in Berührung kommen, in denen wir leidenschaftlich gespielt oder etwas aufgebaut oder uns engagiert haben, dann wird in uns heute wieder die Leidenschaft geweckt, die wir damals besaßen. Unsere Arbeit bekommt etwas Leidenschaftliches, aber zugleich auch etwas Spielerisches. Wir spüren, dass wir durch die Leidenschaft eine Kraftquelle in uns auftun, die nicht so leicht zu erschöpfen ist. Wenn wir erschöpft sind, sollten wir uns also fragen, ob wir uns Erwartungen, Rollen von außen haben überstülpen lassen, ob wir meinen, wir müssten diesen Erwartungen entsprechen, anstatt den eigenen inneren Bildern zu vertrauen. Die Erwartungen von außen und die Idealbilder, die wir für unsere Arbeit übernommen haben, rauben uns die Energie. Die Bilder unserer Kindheit bringen uns in Berührung mit unserer Leidenschaft. Dann bekommt unsere Arbeit und auch unser Leben heute einen neuen Geschmack: den der Leidenschaft, aber zugleich auch der Leichtigkeit und Fröhlichkeit.

Ein anderer Weg, meine Leidenschaft zu entdecken, ist, dass ich mich immer wieder frage: Wofür brenne ich heute? Was mache ich heute leidenschaftlich gern? Wo kann ich mich auf eine Arbeit einlassen, ohne müde zu werden? Wofür setze ich mich ein? Wobei fließt mein Herz über? Wo empfinde ich tiefe Freude und Leichtigkeit und zugleich Kraft? Was gibt mir Energie? Das, was mir Energie raubt, ist das Gegenteil meiner Leidenschaft. Doch dort, wo Energie fließt, finde ich meine Leidenschaft. Sie ist eine Quelle, aus der ich immer wieder neu schöpfen kann.

Manchmal erschrecke ich, wenn ich Menschen nach dem frage, was sie leidenschaftlich gern tun, wofür sie brennen. Manche finden nichts, wissen nichts. Dann habe ich das Gefühl: Da sind Männer und Frauen, die mit 40 oder 50 Jahren innerlich tot sind. Sie können sich für nichts mehr begeistern. Man merkt es schon an ihrem Gang, ihrer Körperhaltung. Darin ist keine Kraft. Ihre Sprache ist oberflächlich, leer. Sie jammern nur oder kritisieren alles. Aber sie können nicht begeistert von etwas sprechen. Dann geht natürlich auch nichts von ihnen aus. Und das führt dazu – wie in einem Teufelskreis –, dass sie bei anderen nicht beliebt sind, dass sie nicht gerne gesehen werden. Man spürt sie nicht, bekommt keine Beziehung zu ihnen. Daher beachtet man sie auch nicht. Das aber tut ihnen weh und bestätigt ihnen nur, dass das Leben sinnlos ist, dass es sich nicht lohnt, sich für etwas einzusetzen. Weil sie keine Leidenschaft in sich haben, werden sie oft von der destruktiven Leidenschaft des Neides beherrscht. Sie sind neidisch auf alle, die etwas aus ihrem Leben gemacht haben, weil sie ihrer Leidenschaft gefolgt sind, indem sie sich für andere eingesetzt haben oder mit Leidenschaft Wissenschaftler sind, Ärztinnen, Psychologen oder Seelsorgerinnen. In ihrer Leidenschaftslosigkeit würden sie ihren Neid nicht eingestehen. Er drückt sich dann darin aus, dass sie alle erfolgreichen Männer und Frauen entwerten und ihnen psychische Probleme in die Schuhe schieben.

In der Begleitung von Menschen treffe ich jedoch auch immer wieder auf solche, die das, was sie tun, leidenschaftlich tun. Zum Beispiel die Frau, die als Controllerin in einer großen Firma arbeitet. Als Kind ist sie immer gerne auf hohe Bäume geklettert. So versteht sie auch ihre Aufgabe als Controllerin spielerisch. Das macht ihr Spaß und sie ist beliebt bei den Mitarbeitern. Bei Führungsseminaren, die wir beide gemeinsam leiteten, haben wir oft Menschen getroffen, die ähnlich leidenschaftlich ihrer Aufgabe nachkommen. Zum Beispiel der Chef einer Holzfirma, der eine Leidenschaft für dieses Material hat und diese Liebe auch seinen Kunden vermittelt und seine Mitarbeiter damit ansteckt. Er treibt sie nicht an, dass sie mehr arbeiten sollen. Er inspiriert sie vielmehr mit seiner Leidenschaft. Das ist viel wirksamer als ständig mehr Leistung von ihnen zu fordern.

Bei einer Palliativtagung erzählte eine Frau von ihrer Arbeit mit Schwerkranken. Alle Zuhörer spürten, dass diese Frau eine große Leidenschaft verströmte. Sie machte ihre Arbeit gern, auch wenn es oft sehr viel war und sie spontan auf Hilferufe reagieren und dabei ihre Pläne für diesen Tag über den Haufen werfen musste. Sie klagte nicht über Erschöpfung, weil ihr ihre Arbeit Freude bereitete und weil sie leidenschaftlich dabei war.

Wie wecke ich meine Leidenschaft?

Wenn wir auf unser Leben schauen, erkennen wir darin Phasen, in denen wir uns leidenschaftlich für etwas interessiert oder engagiert haben. Dann gibt es wieder Phasen, in denen wir eher kraftlos und leer waren. Wir hatten das Gefühl, dass wir unsere Leidenschaftlichkeit verloren haben. Dann wäre es unsere Aufgabe, die verloren gegangene Leidenschaft wieder aufzuwecken. Um das zu erreichen, kann ich versuchen, mich zu erinnern, wie sich meine Leidenschaftlichkeit früher angefühlt hat. Dann frage ich mich, warum ich sie verloren habe. Haben die Ideale, für die ich früher gekämpft habe, Glanz und Anziehungskraft eingebüßt? Warum sind diese Ideale für mich nicht mehr so erstrebenswert? Oder haben Enttäuschungen meine Leidenschaft geschwächt? Ich habe mich zum Beispiel leidenschaftlich für bestimmte Werte und Ideale eingesetzt. Aber die Menschen, mit denen ich dabei zu tun hatte, haben diese Werte plötzlich verleugnet. Vielleicht haben aber auch die Menschen, mit denen ich gemeinsam einen leidenschaftlichen Weg gegangen bin, ihre Leidenschaft aufgegeben und mich damit entmutigt. Wenn ich mich an frühere Situationen erinnere, in denen ich mich leidenschaftlich eingesetzt habe, dann komme ich allein durch die Erinnerung wieder in Berührung mit dieser ursprünglichen Kraft. Dann bekomme ich wieder Lust, diese Leidenschaftlichkeit in mir zu wecken.

Der Autor des 2. Timotheusbriefs – die Tradition sieht Paulus als solchen an – hatte offensichtlich den Eindruck, dass die Leidenschaftlichkeit, die sein Schüler Timotheus anfangs hatte, nachgelassen hat: »Darum rufe ich dir ins Gedächtnis: Entfache die Gnade Gottes wieder, die dir durch die Auflegung meiner Hände zuteilgeworden ist. Denn Gott hat uns nicht einen Geist der Verzagtheit gegeben, sondern den Geist der Kraft, der Liebe und der Besonnenheit« (2 Tim 1,6f). Manchmal müssen wir von außen an unsere Leidenschaftlichkeit erinnert werden. Unsere Aufgabe ist es dann, sie wieder zu entfachen. Das griechische Wort, das hier mit »entfachen« übersetzt ist, meint: das ursprüngliche Feuer wieder zum Brennen zu bringen. In uns ist der Geist der Kraft. Im griechischen Text steht hier das Wort *dynamis*. Die Bibel bezeichnet den Heiligen Geist als eine Kraft, die eine innere Dynamik entwickelt, die sich voller Spannkraft den Herausforderungen des Lebens stellt und mit Fantasie die Aufgaben löst, die uns das Leben zumutet. Es ist gut, dieser Kraft in uns zu trauen. Mit ihr können wir etwas bewirken in der Welt. Wir können mit unseren Ideen und mit unseren Worten bei den Menschen eine Wirkung erzielen. Doch das werden wir nur dann erreichen, wenn wir an die Kraft des Heiligen Geistes in uns selbst glauben. Der Heilige Geist ist uns als Gabe gegeben. Jeder von uns hat eine Kraft in sich. Oft genug fühlen wir uns dennoch kraftlos. Dann kommt es darauf an, die Kraft des Heiligen Geistes in unsere Kraftlosigkeit einfließen zu lassen, damit wir so wieder in Berührung kommen mit der Leidenschaftlichkeit, die wir am Anfang spürten. Jeder, der sich zu einer bestimmten Aufgabe berufen fühlt, spürt in sich die Leidenschaft, mit der er sich seiner Aufgabe widmen möchte. Doch diese Kraft muss immer wieder neu entfacht werden. Die Glut in uns darf nicht ausbrennen, sondern soll wieder zu glühen beginnen.

Wenn ich die Leidenschaft für meinen Beruf, für meine Aufgabe, für mein Leben verloren habe, sollte ich mich nicht beschuldigen und mir ein schlechtes Gewissen machen. Der erste Schritt wäre: Ich gestehe mir ein, dass ich meine Leidenschaft verloren habe. Dann schaue ich in meine Lebensgeschichte und frage mich: Wann genau ist sie mir abhandengekommen? War es ein schleichender Prozess? Oder waren es konkrete Erlebnisse, die mich innerlich gelähmt haben, die mir meine Leidenschaft geraubt haben? Manchmal können es auch Krankheiten sein, die mir die innere Kraft nehmen, zum Beispiel eine Depression. Dann wäre es gut zu fragen: Was will mir meine Krankheit sagen? Ist sie ein Protest gegen zu hohe Erwartungen, die ich an das Leben gestellt habe? Oder rebelliere ich darin gegen meinen eigenen Perfektionismus? Nur wenn ich die Ursachen für den Verlust meiner Leidenschaftlichkeit erkannt habe, kann die Erinnerung an die ursprüngliche Leidenschaft mir helfen, sie in mir wieder aufzuwecken.

Eine Hilfe auf diesem Weg könnte ein Ritual sein, das wir am Fest Mariä Lichtmess, am 2. Februar, begehen. Als Hintergrund für das Ritual nehmen wir das Gleichnis von der verlorenen Drachme, das Jesus im Lukasevangelium erzählt (Lk 15,8–10). Eine Frau hat zehn Drachmen. Zehn steht für die Ganzheit des Menschen. Doch sie hat eine verloren, das heißt, sie fühlt sich nicht mehr ganz, nicht mehr im Einklang mit sich selbst. Sie hat nicht nur die Drachme verloren, sondern sich selbst, ihre Mitte. Die Frau zündet eine Lampe an und »fegt das ganze Haus und sucht unermüdlich, bis sie das Geldstück findet« (Lk 15,8). So könnte ich mit einer Kerze durch die dunklen Räume meiner Wohnung gehen und mir vorstellen: Ich suche meine verlorene Mitte, meine verlorene Leidenschaft, meine verlorene Kraft, meine verlorene Begeisterung. Vielleicht erinnern mich manche Räume an die Leidenschaft, die ich früher hatte, an die Leidenschaft in meiner Beziehung zu meinem Partner, zu meiner Partnerin, zu meiner Familie. Ich bleibe dann stehen und lasse das Licht der Kerze in mich eindringen in der Hoffnung, dass es mich wieder in Berührung bringt mit meiner früheren Leidenschaft und dass auch das Miteinander in der Familie wieder etwas von dieser Kraft des Anfangs gewinnt. Vielleicht hat sich die Leidenschaft verwandelt. Ich kann mich dann fragen: Wie hat sich meine Leidenschaft verwandelt? Wohin möchte sie jetzt fließen?

Was möchte ich leidenschaftlich anpacken, anstreben? Wofür möchte ich mich einsetzen?

Das Gleichnis, das Jesus uns erzählt, geht davon aus, dass die Leidenschaft noch in unserem Haus ist. Sie ist nicht völlig verloren, sondern liegt irgendwo in unserem Haus versteckt unter einem Schrank oder einem Tisch. Sie ist verborgen unter den vielen Aktivitäten des Alltags, unter den vielen Aufgaben und der Routine, die sich in mein und unser Leben eingeschlichen hat. Es wäre gut, sie wieder hervorzuholen. Der deutsche Mystiker Johannes Tauler deutet dieses Gleichnis so, dass wir uns in der Lebensmitte oft eingerichtet haben in unserem Dasein. Wir kennen uns aus, alles geht seinen gewohnten Gang. Aber wir haben die Drachme, unser wahres Selbst verloren und die Leidenschaft, die davon ausgeht. Wir sollten uns fragen: Womit habe ich meine Leidenschaft zugedeckt? Vielleicht mit Konsum oder mit den vielen Verpflichtungen oder dem Erfolg? Dann geht es darum, all das, worin ich mich eingerichtet habe, beiseitezuschieben und wieder mit mir selbst und mit meiner ursprünglichen Leidenschaft in Berührung zu kommen.

Ein Mann erzählte, dass seine Partnerschaft zerbrochen sei, zudem spüre er aufgrund von Corona eine große Kraftlosigkeit und er habe nun Angst, dass nun für ihn als freiberuflich Tätigen auch seine finanzielle Grundlage gefährdet sei. Eines Morgens wachte er mit einer Panikattacke auf. Nichts gab ihm mehr Halt, weder der Beruf noch die Beziehung noch sein Körper, der auf einmal kraftlos war. Zudem hatte sich die Leidenschaft aufgelöst, die er früher bei seiner

Arbeit empfand. Er wünschte sich, diese neu entfachen zu können. Ich sagte ihm, dass er wahrscheinlich die Richtung ändern müsse. Es geht jetzt nicht mehr darum, neue Leidenschaft für seinen Beruf aufzubringen, sondern leidenschaftlich nach seiner persönlichen Lebensspur zu suchen, die er in diese Welt eingraben möchte. Er muss sich fragen: Was möchte ich als diese einmalige Person in diese Welt hinein ausstrahlen? Was ist das Geheimnis meines Lebens? Danach gilt es leidenschaftlich zu suchen. Dann wird auch die Leidenschaft für seinen Beruf wieder in ihm aufbrechen.

Ein anderes Beispiel: Eine Ärztin erzählte, dass sie sich immer sehr für ihre Patienten eingesetzt habe. Aber in ihrer Leidenschaft für ihren Beruf hatte sie die Unzufriedenheit einiger Mitarbeiter übersehen. Als zwei ihrer Mitarbeiterinnen kündigten, weil sie mit der Arbeitsatmosphäre nicht zufrieden waren, war die Ärztin sehr enttäuscht und fühlte sich verletzt. Sie hatte doch alles für die Patienten gegeben! Und sie hatte geglaubt, dass sie ihre Mitarbeiterinnen mit ihrer Leidenschaft für das Wohl der Patienten anstecken konnte. Jetzt hatte sie auf einmal das Gefühl, dass alles umsonst gewesen war. Das raubte ihr auch ihre Leidenschaft für die Patienten. Wenn wir das Bild des Gleichnisses von der Drachme auf diese Situation übertragen, dann heißt das: Sie muss sich eingestehen, dass sie eine Drachme verloren hat, die der Beziehung zu den Mitarbeitenden. Es ist zunächst einmal mühsam, den Schrank der Unzufriedenheit wegzurücken, um darunter die verlorene Drachme, die verlorene Beziehung zu suchen. Doch wenn sie die Verbundenheit mit den Mitarbeitenden wiedergefunden hat, kann auch ihre Leidenschaft für die Patienten wieder neu aufflammen. Es ist dann keine Leidenschaft mehr, die blind ist für die Belange der anderen, sondern eine für beide Gruppen: für die Patienten und für die Mitarbeitenden.

KAPITEL IV

Wie halte ich meine Leidenschaft lebendig?

Wenn wir die Worte aus dem 2. Timotheusbrief ernst nehmen, dann ist es unsere Aufgabe, uns immer wieder daran zu erinnern, dass der Heilige Geist in uns ist und in uns wirken möchte. Indem ich also durch meine negativen Gefühle wie Unlust oder Enttäuschung hindurchgehe, komme ich in den Grund meiner Seele. Und dort sprudelt die Quelle des Heiligen Geistes. Es kommt darauf an, dass wir uns immer wieder mit dieser inneren Quelle in Berührung bringen. Die Meditation kann ein guter Weg dazu sein. Aber manchmal hilft auch einfach die Vorstellung, dass der Heilige Geist in mir ist wie eine Quelle, die meine eigene müde gewordene Kraft immer wieder erfrischt und stärkt. Die eigentliche Aufgabe der Spiritualität besteht darin, meine Leidenschaft lebendig zu halten. Das Ziel ist nicht, alles richtig zu machen, alle Gebote zu erfüllen, genügend zu beten, sondern mit der inneren Quelle in Berührung zu kommen, aus der die Leidenschaft hervorsprudelt. Der Geist ist es, der begeistert, der fasziniert. Leidenschaft braucht die Begeisterung für etwas, um in mir geweckt zu werden und wieder zu strömen.

Leidenschaftlicher Einsatz für andere

Damit ich leidenschaftlich leben kann, braucht es eine gute Beziehung zu den Menschen, für die ich mich einsetze, oder auch zu den Aufgaben, die mir gestellt werden oder die ich mir selbst stelle. Die Bedingung für jede Leidenschaft ist daher eine intensive Beziehung. Wir kommen hier noch einmal auf Emmanuel Levinas zurück, der vom Antlitz des anderen spricht, das uns herausfordert, das Kreisen um uns sein zu lassen und uns leidenschaftlich für den anderen einzusetzen. Denn aus dem Antlitz des andern sieht uns seine Verletzlichkeit an, die uns motiviert, uns für diesen verletzlichen Menschen einzusetzen. Ich kann zwar die Verantwortung für den anderen verweigern, aber ich kann mich letztlich nicht entziehen. Er ist ein ständiger Appell an mich, Verantwortung zu übernehmen. Im Antlitz des anderen begegnet mir die Einzigartigkeit dieser Person. Wenn ich von ihr berührt bin, weckt das in mir ein Gefühl von Verantwortung für diesen Menschen. Ein entscheidender Ort, an dem ich meine Leidenschaft umsetzen kann, ist also der andere, der mich herausfordert, mich auf ihn und seine Verletzlichkeit und Einzigartigkeit einzulassen. Leidenschaft ist immer Leidenschaft für das Leben – für das eigene, aber ebenso auch für das Leben des anderen.

Jesus erzählt von dieser Leidenschaft, die das Antlitz des anderen in uns hervorlockt, im Gleichnis vom verlorenen Sohn. Da ist der leidenschaftliche jüngere Sohn, der einfach vom Leben fasziniert ist und es in vollen Zügen genießen möchte. Er lebt seine Leidenschaft aus. Er denkt nicht an die Folgen, sondern lebt einfach, wozu sein Herz ihn antreibt. Doch seine Leidenschaft ist blind und maßlos (vgl. Lk 15,13). Er lebt *asotos*, was bedeuten kann: ungesund, heillos, zügellos, ohne Form und ohne Maß, ohne Disziplin. Und so kommt er durch die Leidenschaft, die er bis zum Ende auslebt, am Nullpunkt an, an dem nichts mehr geht. Lukas beschreibt diesen Nullpunkt mit dem Bild des Schweinehütens. Das war für Juden etwas, das sie ganz und gar ablehnten, galten ihnen Schweine doch als unreine Tiere. Doch diese Erfahrung des Nullpunktes führt den Sohn zur inneren Umkehr. Der Vater, der den Sohn in die Fremde ziehen ließ, wartet auf ihn. Er hat also auch eine leidenschaftliche Liebe zum Sohn. Der Vater sieht den heimkehrenden Sohn schon von Weitem und eilt ihm entgegen. In diesem eilenden Lauf spürt man die Leidenschaft des Vaters für den Sohn. Und so verbindet sich die Leidenschaft des Vaters mit der des Sohnes. Sie feiern gemeinsam ein fröhliches Fest.

Doch der ältere Sohn hat offensichtlich seine Leidenschaft verdrängt. Er hat sich dem Leben auf dem Hof angepasst, sich nicht getraut, seine eigenen Wünsche zu äußern. Sein Leben war nichts als Routine. Er hat alles getan, was von ihm erwartet wurde. Aber er war abgeschnitten von seiner Leidenschaft. Jetzt, da sein jüngerer Bruder, der sich getraut hatte, allein in die Fremde zu ziehen, reumütig zurückkommt und der Vater mit ihm ein Fest feiert, hält er es nicht mehr aus. Seine verdrängte und unterdrückte Leidenschaft äußert sich in Härte und Zorn. Im Zorn und im Groll wird sie zur negativen Leidenschaft, die den älteren

Sohn hier ganz und gar beherrscht. Indem er dem jüngeren Sohn vorwirft, er hätte das Vermögen des Vaters mit Dirnen verschleudert, offenbart er, dass er selbst solche leidenschaftlichen sexuellen Gedanken hatte. Denn in der Geschichte war davon nicht die Rede. Der ältere Sohn hatte seine Sexualität verdrängt. Jetzt projiziert er sie auf seinen Bruder. Er bringt es nicht fertig, seinen Groll loszulassen und sich über die Rückkehr des jüngeren Bruders zu freuen. Dieser erinnert ihn an die eigene verdrängte Leidenschaft, die er aber vor sich und vor dem Vater nicht zugeben kann. So verhärtet er sich in seinem ablehnenden Urteil über den Bruder.

Um meine Leidenschaft umsetzen zu können, brauche ich eine gute Beziehung zu mir selbst und meiner Sehnsucht, aber auch zum anderen. Wenn dieser mir wichtig ist, wenn ich mich auf ihn einlasse, dann werde ich mich auch für ihn einsetzen. Jesus zeigt das bei der Heilung des Aussätzigen. Er sieht den Kranken, der mit sich unzufrieden ist, der sich selbst nicht annehmen kann und voller Bitterkeit ist. Er hat Mitleid mit ihm, er fühlt mit ihm. Das griechische Wort *splanchnizomai*, das hier im Bibeltext verwendet wird, meint: Jesus lässt sich in seinen Eingeweiden ergreifen. Er lässt den anderen mit seiner Not bis in den verwundbaren Ort seiner Seele und seines Leibes vordringen. Jesus lässt sich ganz auf den Kranken ein. Aber seine Leidenschaft ist nicht blind und nicht grenzenlos. Er nimmt den Aussätzigen an, er nimmt Beziehung zu ihm auf, indem er ihm die Hand reicht. Und er berührt ihn, er kommt mit seiner inneren Not in Berührung. Er sieht im anderen die innere Bitterkeit und stellt sich vor: Wie mag es im Herzen dieses Menschen aussehen, der sich nicht annehmen kann und der sich von niemandem angenommen und gesehen weiß? Dann spricht er den Aussätzigen an: »Ich will es – sei du rein!« (Mk 1,42). Er nimmt ihn also bedingungslos an, aber er fordert auch den Aussätzigen auf, nun sich selbst anzunehmen. Er lässt sich also nicht manipulieren, indem er den anderen grenzenlos und maßlos liebt, sondern fordert ihn mit seiner Liebe heraus, nun sich selbst zu lieben. In seinem Befehl »Werde du rein« will er die Leidenschaft in dem Aussätzigen wecken. Er soll nicht länger in der Opferrolle bleiben, sondern sein Leben selbst in die Hand nehmen. Wenn er Ja sagt zu sich selbst, dann fühlt er sich rein. Aber dieses Ja muss er selbst sagen. Das kann Jesus ihm nicht abnehmen.

Auf dem Hintergrund dieser beiden biblischen Geschichten würden wir auf die Frage, wie wir unsere Leidenschaft lebendig halten können, antworten: Indem ich sie für einen Menschen einsetze, bei dem ich sehe, dass er sich verrannt hat, dass er in die falsche Richtung gelaufen ist. Ich gebe ihn nicht auf, sondern sorge mich leidenschaftlich um ihn, dass er den richtigen Weg wiederfindet. Und wenn er ihn gefunden hat – wie der verlorene Sohn –, feiere ich mit ihm ein Fest. Dann verbinden wir unsere Leidenschaften so, dass ein Fest der Freude und Lebendigkeit daraus entsteht. Die Heilung des Aussätzigen fordert mich auf, meine Leidenschaft dort einzusetzen, wo ich im Antlitz des anderen spüre, dass er sich selbst nicht annehmen kann, dass er voller Bitterkeit ist, weil er sich ausgeschlossen fühlt. Ich versuche, die Mauer der Abgrenzung zu durchbrechen und mich auf den anderen einzulassen, in der Hoffnung, dass er den Weg zu sich selbst und zur Annahme seiner selbst findet.

Wir hatten in der Abtei einen alten Mitbruder, der ein leidenschaftlicher Schreiner war. Der Grund seiner Leidenschaft war seine intensive Beziehung zum Holz. Er konnte einem von den Holzmaserungen, von den Jahresringen, die im Holz sichtbar sind, vorschwärmen und mit Herzblut die Geschichte des Baumes erzählen. Weil er immer wieder staunen konnte über die verschiedenen Holzarten, hat er auch leidenschaftlich gerne damit gearbeitet. Er hat mir als Cellerar einen runden Besprechungstisch mit wunderbaren Maserungen geschaffen. Sein Nachfolger in der Schreinerei wunderte sich über diesen wunderschönen Tisch und meinte, heute würde sich niemand mehr die Mühe machen, einen Tisch so kunstvoll zu gestalten. Nur ein leidenschaftlicher Schreiner kann so etwas schaffen. Als wir ein altes Forsthaus für unsere Jugendarbeit erwarben, schaute sich der alte Mitbruder die heruntergekommenen Räume an. Und in kurzer Zeit hatte er sie mit viel Liebe neu gestaltet. Er wechselte die morschen Balken aus, verkleidete die Decke und verwendete die Holzverkleidung, die früher im klösterlichen Speisesaal hing, um auch die Wände damit zu gestalten. So konnten sich an seiner Leidenschaft viele Mitbrüder, die dort Urlaub machten, und viele Jugendliche, die dort ihre Kurse abhielten, bis heute – 40 Jahre später – freuen.

Leidenschaftlich leben – trotz Hindernissen und Schwierigkeiten

Eine tiefe Leidenschaft lässt sich auch durch Hindernisse und Bedrängnisse nicht bremsen. Wenn ich mich für jemanden einsetze, stehe ich auch schwierige Situationen durch. Ich nehme in Kauf, dass ich von anderen angefeindet werde. Wenn ich überzeugt bin von meinem Einsatz, lasse ich mich davon nicht abhalten. Die Leidenschaft hat die Kraft, sich auch gegenüber Widerständen durchzusetzen.

Damit mir das gelingt, braucht es immer wieder das Achten auf die ursprüngliche Leidenschaft, auf das Ziel meiner Leidenschaft und auf den »Geschmack«, den die Leidenschaft in mir hervorgerufen hat. Petrus hat vor dem Hohen Rat bewiesen, dass er sich von seiner Leidenschaft für Christus auch nicht durch Strafen und Drohungen abhalten lässt. Er war fasziniert von Jesus und ließ sich nicht beirren. Als die Hohepriester ihm verboten, »jemals wieder im Namen Jesu zu predigen und zu lehren« (Apg 4,18), antwortete Petrus mit Freimut: »Ob es vor Gott recht ist, mehr auf euch zu hören als auf Gott, das entscheidet selbst. Wir können unmöglich schweigen über das, was wir gesehen und gehört haben« (Apg 4,19f). Das, was die Freunde Jesu gehört und gesehen haben, hat ihre Leidenschaft für ihn und seine Botschaft entfacht. Und die lassen sie sich auch nicht durch Verbote nehmen.

Wenn ich wirklich überzeugt bin von etwas, wenn ich mich leidenschaftlich für ein Ziel einsetze, dann werde ich mich auch durch Hindernisse nicht davon abhalten lassen. Das zeichnet gerade die Leidenschaft aus, dass sie nicht aufhört, wenn sie auf Widerstände stößt.

Ich erlebe es oft bei Führungskräften und auch bei Pfarrern, dass sie ihre Aufgabe mit großer Leidenschaft beginnen, aber dann resignieren, wenn sie in der Gemeinde oder bei den Mitarbeitenden Widerstände spüren. Die Leidenschaft gibt mir Kraft, nicht aufzugeben. Allerdings sollte sie auch nicht blind werden und dann versuchen, etwas mit Gewalt durchzusetzen. Ich nehme die Widerstände ernst, ich stelle mich ihnen. Vielleicht zeigen sie mir, dass ich zu schnell vorangegangen bin, dass ich meine Gemeinde oder meine Mitarbeitenden noch nicht überzeugt und noch nicht für meine Ziele gewonnen habe. Ich habe die Bedürfnisse und Ängste der anderen übersehen. Ich war so von meinem Ziel überzeugt, dass ich über die Gefühle der Menschen hinweggegangen bin. Daher ist der Widerstand immer eine Herausforderung, meine Vorgehensweise zu überdenken, die Menschen mit ihren Ängsten und Sorgen mehr zu berücksichtigen und dann die Strategie zu ändern. Ich höre erst einmal auf die Einwände. Manchmal zeigen sie mir, dass ich noch andere Aspekte berücksichtigen sollte. Manchmal sind sie aber auch einfach nur Ausdruck der Angst vor Verwandlung. Dann gilt es, diese Angst ernst zu nehmen und mit ihr ins Gespräch zu kommen: Wovor hat der Mitarbeiter Angst? Hat er Angst, etwas nicht zu schaffen? Oder ist es nur die Bequemlichkeit, die alles beim Alten belassen möchte? Oder verweisen die Widerstände auf die Sturheit und Unbeweglichkeit der Menschen? Dann darf ich dieser

Sturheit keine Macht zubilligen. Ich darf mich dann nicht davon abhalten lassen, den Weg zu gehen, für den ich mich leidenschaftlich einsetze.

Es gab eine Zeit, da überhäufte man mich im Kloster mit Arbeit. Ich war Cellerar, geistlicher Leiter des Recollectio-Hauses und sollte immer noch mehr andere Aufgaben übernehmen. Meine Mitbrüder meinten zudem, das Schreiben von Büchern sei nicht wichtig, das sei nur mein persönliches Hobby. Die Aufgaben der Abtei sollten im Vordergrund stehen. Da sagte ich mir innerlich: Ihr könnt mir noch so viel Arbeit aufladen. Wenn ich Lust habe zu schreiben, dann schreibe ich. Und so habe ich mich auch von äußeren Umständen nicht davon abhalten lassen zu schreiben. Wenn ich Leidenschaft für etwas spüre, dann werde ich immer eine Lücke finden, um das zu tun, was mir wichtig ist. Jetzt stellt das Schreiben niemand mehr infrage. Man darf sich durch Unverständnis und Widerstände nicht von seiner Leidenschaft abbringen lassen. Wenn sie stimmig ist, wird sie auch zum Segen für die anderen werden. Heute wissen die Mitbrüder, dass das Schreiben dem Kloster auch finanzielle Einnahmen beschert hat.

Ein anderes Beispiel: Ich habe sehr gerne die Kurse für Jugendliche geleitet. Wir waren ein Team von sieben bis zehn Mitbrüdern und Frauen, die den Kurs für die etwa 300 Jugendlichen über Silvester organisierten und durchführten. Bei der Nachbesprechung waren viele Kursleiter erschöpft. Sie meinten, solche Kurse seien zu anstrengend, wir sollten im nächsten Jahr aussetzen und keinen Kurs anbieten. Ich hörte mir das alles an, dann sagte ich: »Ich halte auf jeden Fall nächstes Jahr den Kurs. Denn wenn wir aussetzen, können wir das gleich ganz aufgeben. Wer nächstes Jahr dabei sein will, kann sich ja in den nächsten Wochen melden.« Am Ende waren alle wieder dabei. Wenn ich mich von der erschöpften Stimmung aufgrund der Übermüdung an diesem Abend hätte leiten lassen, hätten wir die Jugendarbeit aufgegeben. So hat meine Leidenschaft auch die anderen wieder angesteckt.

Wir können also die Leidenschaft trotz Widerständen und Hindernissen lebendig halten, indem wir sie zunächst einmal ernst nehmen. Vielleicht wollen sie uns etwas sagen, zum Beispiel, dass wir manches bedenken sollten, was wir bisher übersehen haben. Oder dass wir mit einer klugen Strategie diese Hindernisse umgehen können. Auf keinen Fall sollten wir uns entmutigen lassen. Natürlich fühlen wir uns erst einmal enttäuscht, wenn wir mit großem Schwung ein Projekt beginnen, und dann gibt es Widerstand dagegen. Manchmal äußert sich dieser auch als passiver Widerstand: Die andern lassen sich einfach nicht mitreißen. Sie sind nicht dagegen, aber sie tun auch nichts dafür. Wir sollten uns dann immer fragen: Was möchte ich mit meiner Leidenschaft erreichen? Ist das Ziel nach wie vor stimmig? Ist es für die Menschen gut? Ist die Art und Weise, wie ich das Ziel anstrebe, für die Menschen, mit denen ich es erreichen will, angemessen? Sind die Mittel, die ich einsetze, die richtigen? Oder berücksichtige ich dabei die Interessen der anderen zu wenig? Auf keinen Fall darf ich mich lähmen lassen. Vielmehr ist es meine Aufgabe, wieder neu mit meiner Leidenschaft in Berührung zu kommen, um genügend Kraft in mir zu spüren, die Widerstände und Hindernisse zu überwinden.

Eine wichtige Hilfe dabei ist die Haltung der Hoffnung. Bei unserem leidenschaftlichen Einsatz für eine gute Arbeitsatmosphäre, für eine authentischere Kirche, für eine menschlichere Gesellschaft werden wir immer wieder enttäuscht. Damit diese Enttäuschungen nicht zu Verbitterung und Resignation führen, sondern mich anstacheln, mich weiter für die Menschen zu engagieren, brauche ich die Hoffnung. Sie zielt immer auf die Zukunft. Als Christen hoffen wir auf das ewige Leben, das uns im Tod erwartet. Aber diese Hoffnung ist keine Vertröstung. Sie ermöglicht es uns vielmehr, dass wir uns weiterhin leidenschaftlich für eine bessere Gesellschaft einsetzen. Denn wir sind nicht auf die selbst gesetzten Ziele fixiert und nicht auf den Zeitpunkt, an dem sie erreicht werden. Die Hoffnung gibt uns Kraft, uns hier und jetzt leidenschaftlich für unsere Ziele einzusetzen. Sie gibt uns zugleich auch einen langen Atem. Selbst wenn wir dieses Ziel nicht erreichen, wird unser Einsatz nicht umsonst sein. Wir hoffen darauf, dass der Samen, den wir säen, irgendwann aufgeht. Unsere Hoffnung geht zudem über diese Welt hinaus. Das gibt uns die Kraft, uns hier und jetzt einzusetzen und leidenschaftlich zu leben. Wir vertrauen darauf, dass unsere Leidenschaft im Tod vollendet wird in die Liebe Gottes hinein, die stärker ist als die Gleichgültigkeit, als der Tod.

Martin Luther wird das berühmte Wort zugeschrieben – ob zurecht oder nicht, darüber streiten die Gelehrten: »Wenn morgen die Welt untergeht, würde ich heute einen Apfelbaum pflanzen.« Die Hoffnung auf die ewige Zukunft spornt uns an, heute alles zu tun, was wir für gut und wichtig erachten, selbst wenn wir nicht wissen, ob wir das Ergebnis unseres Handelns erleben und sehen können.

Mein Bruder war ein sehr guter Lehrer, der sich leidenschaftlich für die Schüler und Schülerinnen eingesetzt hat und Mathematik so erklärt hat, dass alle es verstanden haben. Neulich war eine Frau bei einem Führungsseminar, die vor dreißig Jahren seine Schülerin war. Sie sprach ganz begeistert von ihm. Er war damals Vertrauenslehrer. Und da es ihr in dieser Zeit sehr schlecht ging, wandte sie sich an ihn und erzählte ihm von ihrer Not. Er gab ihr Mut und Hoffnung. Das hat sie bis heute nicht vergessen. Ich rief dann meinen Bruder an und erzählte ihm davon. Er hat sich sehr über diese Rückmeldung gefreut. Er meinte: »Manchmal hat man als Lehrer das Gefühl, dass der ganze Einsatz umsonst ist. Da tut es gut, zu hören, dass das nicht immer so ist.« Das Beispiel sollte den Lehrern, die sich heute leidenschaftlich für ihre Schüler und Schülerinnen einsetzen, die Hoffnung schenken, dass ihre Arbeit wichtig und nachhaltig ist und dass sie das Leben der Schüler und Schülerinnen oft spürbar zum Guten hin verwandeln.

Leidenschaftlich in Bewegung bleiben

Uns beiden Autoren gibt die Leidenschaft die Energie, Kurse und Vorträge zu halten. Es ist unsere Leidenschaft, anderen auf ihrem Weg zu helfen und die Weisheit der christlichen Botschaft verständlich zu verkünden. Aber wir brauchen dabei auch eine innere Beweglichkeit. Wir müssen uns immer wieder fragen, ob wir diese Botschaft wirklich so verkünden, dass sie die Herzen der Menschen berührt und dass sie ihnen auf ihrem Lebensweg hilft. Es gibt Priester – und auch Laien –, die eine konservative Theologie predigen. Sie möchten mit ihrer Leidenschaft erreichen, dass in der Kirche die Zustände wiederhergestellt werden, die sie in ihrer Kindheit und Jugend erlebt haben – notfalls mit Gewalt. Doch die Gesellschaft hat sich gewandelt und das Kirchenbild ebenfalls. Diese Menschen merken aber nicht, dass ihre Leidenschaft an den Menschen von heute vorbeigeht, dass sie höchstens die Herzen derer ansprechen, die alles beim Alten belassen wollen, ohne sich innerlich zu wandeln und weiterzuentwickeln.

Immer wenn ich in meiner Leidenschaft stur werde und keine andere Sichtweise, keine andere Handlungsweise mehr zulasse, muss ich mich fragen, ob ich in meiner Haltung noch zeitgemäß bin oder ob ich einfach nur an meinen alten Idealen festhalte und sie mit Gewalt anderen aufdrängen möchte. Manchmal spürt man bei sehr konservativen Menschen die Angst vor der Verwandlung und auch die Angst davor zuzugeben, dass sie an den Menschen vorbeireden, dass sie aus der Zeit gefallen sind. Ihre Reaktion ist dann, dass sie auf diese schimpfen, weil sie – in ihren Augen – nicht mehr »richtig« glauben. Wenn ich Leidenschaft für meinen Glauben habe, dann vertraue ich darauf, dass auch in den Menschen, denen ich predige, eine Sehnsucht nach dem Glauben, nach Gott ist, nach einem Geheimnis, das größer ist als sie selbst.

Eine andere Erkenntnis ist: Meine Leidenschaft wandelt sich häufig im Lauf meines Lebens. Die Leidenschaft, mit der ich als junger Mönch für die Erneuerung der Kirche gekämpft habe, kann ich heute nicht mehr auf die gleiche Weise leben. Mir ist das nach wie vor ein Anliegen. Wenn ich keine Leidenschaft für die christliche Botschaft hätte, würde ich mir die vielen Vorträge und Kurse nicht antun. Doch sie hat sich gewandelt. Sie hat nicht mehr das Kämpferische, sondern ist mehr zu einer gelassenen Leidenschaft geworden. Ich begleite gerne Menschen und freue mich, wenn ich ihnen beim Kurs oder beim Einzelgespräch eine neue Sichtweise auf den Glauben, aber auch auf das eigene Leben vermitteln kann. Doch meine Leidenschaft setzt mich nicht mehr unter Druck. Sie ist vielmehr eine Quelle, aus der ich schöpfen kann. Aber sie quillt nicht mehr unruhig über und überschwemmt alles in ihrem Umfeld. Es braucht ehrliche Selbsterkenntnis, zu sehen, ob meine Leidenschaft noch zeitgemäß ist, ob sie für mein Alter passt und ob sie noch auf die Realität der Menschen heute antwortet.

Früher habe ich gerne Jugendarbeit gemacht. Aber als ich fünfzig geworden bin, habe ich gespürt, dass ich zwar immer noch gerne junge Menschen begleitete, aber die Kurse, bei denen ich Jugendliche begeistern sollte, passten nicht mehr für mich. Träume haben mir gezeigt, dass diese Zeit für mich vorbei war. Mir sind dabei immer auch Menschen begegnet, die noch mit sechzig Jahren jugendbewegt waren. Da spürte ich, dass es nicht mehr stimmt. Ich hatte den Eindruck, sie brauchen diese Arbeit für sich selbst, um sich selbst am Leben zu halten. Manchen Jugendlichen sind solche »jungen Alten« eher peinlich.

Ein Kriterium, an dem sichtbar oder hörbar wird, ob meine Leidenschaft noch zeitgemäß ist, ist meine Sprache. Rede ich so, dass die Menschen von heute mich verstehen? Oder sage ich immer noch das Gleiche, was ich schon vor fünfzig Jahren erzählt habe? Ist das noch die Art von Sprache, die die Menschen heute verstehen? Oder hat sich meine Sprache verfestigt, sodass sie nur die alten Formeln wiederholt, die vor fünfzig Jahren durchaus modern waren, aber heute für viele unverständlich geworden sind? Die Leidenschaft bleibt, aber die Art und Weise, wie sie sich ausdrückt, muss sich wandeln. Wenn ich feststelle, dass ich immer das Gleiche sage, dann sollte ich mich ehrlich fragen, ob es wirklich eine lebendige Sprache geblieben ist. Die Gespräche mit meiner Co-Autorin, Hsin-Ju Wu, haben mich immer wieder herausgefordert, meine Sprache zu überprüfen. Sie spürt sofort, wenn sie formelhaft geworden ist. Und so arbeiten wir gemeinsam an der Art und Weise, wie wir uns heute in unseren Kursen so ausdrücken können, dass Menschen sich in ihrer heutigen Alltagsrealität angesprochen fühlen. Da Hsin-Ju Wu als Mutter von zwei erwachsenen Kindern mitten im Leben steht, hat sie einen guten Blick für die Bedürfnisse heutiger Menschen. Auch sie ist von der Leidenschaft erfüllt, die benediktinische Spiritualität in die Situation der Menschen in Taiwan hinein zu übersetzen und ihnen zu helfen, eine geerdete und hoffnungsvolle Spiritualität zu leben. Diese Leidenschaft hat sie angetrieben, mit 55 Jahren in Heidelberg im Fach Diakoniewissenschaft zu promovieren. Und diese Leidenschaft treibt sie heute an, immer neu bei Vorträgen und Kursen, die wir gemeinsam leiten, zu fragen: Ist das verständlich? Können andere das in ihr Leben hinein übersetzen? Ist das wirklich hilfreich? So hält ihre Leidenschaft auch mich lebendig und bewahrt mich davor, zu sehr in eine sprachliche Routine zu verfallen.

KAPITEL V

Wie kann ich meine Leidenschaft umsetzen?

Die Leidenschaft braucht Formen, in denen ich sie so umsetzen kann, dass sie ihre Kraft zum Wohl der Menschen entfalten können. Wir möchten hier einige Hilfen anbieten, wie man seine Leidenschaft umsetzen und lange am Leben erhalten kann.

Disziplin in der Zeit – einen leidenschaftlichen Rhythmus finden

Leidenschaft ist in gewisser Weise das Gegenteil zu einem Leben, das kontrolliert abläuft. Wer seine Gefühle und Leidenschaften kontrollieren will, dem – so sagt das Sprichwort – gerät alles außer Kontrolle. Das Leben lässt sich nicht einfach kontrollieren. Aber dennoch braucht auch die Leidenschaft eine Disziplin, damit sie lange Zeit aufrechterhalten werden kann. Die Disziplin ist die Kunst, immer glücklich zu sein, meinte Hildegard von Bingen. Disziplin hat nichts mit Kontrolle zu tun. Disziplin ist ein Lehnwort aus dem Lateinischen und hat seine Wurzel im Wort *disca-*

pere, das meint: in die Hand nehmen, selbst gestalten. Es kann auch bedeuten: zergliedern, um es zu erfassen, um es zu verstehen. Ich gliedere meinen Tag, meine Zeit, damit ich mich selbst besser verstehen und dadurch zu mir stehen kann. Disziplin ist also die Kunst, meinem Leben die Form zu geben, die ihm angemessen ist, eine Form, in der ich mich wohlfühle, in der ich das Gefühl habe: Ich gestalte mein Leben selbst, ich werde nicht von außen bestimmt.

Es gibt verschiedene Formen von Disziplin, beispielsweise in Bezug auf die Zeiteinteilung. Es geht nicht darum, die Zeit in einen genauen Takt hineinzuzwingen, sondern dem Tag einen guten Rhythmus zu geben. Nach C. G. Jung kann der, der im Rhythmus arbeitet, effektiver und nachhaltiger arbeiten. Denn der Rhythmus hält uns wach. Unser eigener Biorhythmus drängt uns danach, auf den inneren Rhythmus zu hören.

Ein Weg, um die Zeit gut zu rhythmisieren, ist der, Rituale einzuüben. Der evangelische Religionsphilosoph Theo Sundermeier schreibt über die heilende Wirkung der Rituale auf die Zeit: »Der unstrukturierte, ununterbrochene Strom der Zeit ist dem Menschen unerträglich. Er braucht den überschaubaren Zeitabschnitt, die herausgehobene Zeit, die wiederum den Normalfall der Zeit erträglich macht und ungefährlich sein lässt« (Sundermeier, TRE 261). Wenn ich meinem Tag einen guten Rhythmus gebe, dann entspricht das meinem Wesen. Gehirnforscher sprechen davon, dass auch das Gehirn einen guten Rhythmus braucht, damit es sich immer wieder erholen und kreativ sein kann. Ungeordnete

Zeit überfordert das Gehirn und es wird weniger leistungsfähig.

Auch ich ordne meine Zeit. Ich schreibe leidenschaftlich gerne, doch damit ich dazu komme, muss ich mir klare Zeiten setzen, die ich dafür reserviere. Sonst bleibt die Leidenschaft für das Schreiben nur ein Lippenbekenntnis und unfruchtbar. Es kommt nichts dabei heraus. Beim Schreiben merke ich manchmal, dass ich abgelenkt werde. Ich könnte ja stattdessen noch etwas lesen oder auf das Smartphone schauen. Doch dann diszipliniere ich mich und bleibe beim Thema, lasse mich nicht ablenken durch tausend andere interessante Dinge. Allerdings ist es keine zwanghafte Disziplin, die ich mir auferlege. Ich achte auch auf mein Gefühl. Und ich lege mich zwischendrin für einige Minuten aufs Bett, wenn ich spüre, dass mir nichts mehr einfällt. Dann fällt mir oft spontan etwas Neues ein, das ich schreiben kann.

Meist habe ich dabei keinen Zeitdruck. Ich könnte mir Zeit lassen. Aber wenn ich am Schreiben bin, setze ich mich trotzdem unter einen gewissen Druck. Ich spüre dann den Ehrgeiz, den Artikel zu Ende zu schreiben oder beim Thema des Buches zu bleiben, entweder dazu etwas zu schreiben oder aber in die Bibliothek zu gehen, um mir neue Anregungen zu holen. Natürlich darf auch dieser Druck nicht zwanghaft werden. Aber ohne diese ehrgeizigen Ziele, die ich mir setze, käme ich beim Schreiben nicht weiter.

Neben der Disziplin in Bezug auf die Zeit gibt es die Disziplin in Bezug auf Ordnung, zum Beispiel auf dem Schreibtisch oder in der Wohnung. Ich merke bei mir, dass diese Art der Disziplin bei mir nicht so ausgeprägt ist. Darin ist mir Hsin-Ju Wu weit überlegen. Da die Wohnungen in Taiwan sehr klein sind, ist sie schon durch die äußere Situation gezwungen, Ordnung zu halten. Mir wäre es zu viel Zeitaufwand, immer alles wegzuräumen und an seinen Platz zu legen. Doch von Zeit zu Zeit habe ich das Bedürfnis, in meinem Zimmer und auf dem Schreibtisch Ordnung zu schaffen. Jeder hat da seine eigene Form. Aber wie bei beinahe allem gibt es auch da Extreme. Die einen sind pedantisch und beinahe zwanghaft darin. Da gibt es nichts, was herumliegt, und die Stifte müssen alle im gleichen Abstand zueinander in der richtigen Reihenfolge sortiert sein. Auf der anderen Seite haben manche Menschen eine absolute Unordnung in ihren Dingen. In Gesprächen erzählen mir immer wieder meist Männer, oft alleinstehend, dass sie ihre Wohnung einfach nicht in Ordnung bringen können. Sie hängen an den Dingen, können sich davon nicht trennen. Dann wird es mit der Zeit ungemütlich. Sie fühlen sich nicht mehr wohl.

Das meinte wohl Hildegard von Bingen, als sie sagte, Disziplin sei die Kunst, sich immer glücklich zu fühlen. Wenn ich die Disziplin aufbringe, mein Zimmer zu ordnen, dann fühle ich mich darin wohl. Aber jeder muss auch die Ordnung finden, die für ihn passt. Ich kenne Menschen, die ihren Schreibtisch am Abend völlig abräumen. Andere lassen die Mappen und Briefe darauf liegen. Aber sie kennen sich aus und wissen, wo sie was finden. Es geht nicht um die absolute Ordnung, sondern darum, dass eine gute Ordnung meine Leidenschaft unterstützt. Wenn ich mich zu viel ärgere, weil ich manches nicht finde, dann lähmt das meine Leidenschaft.

Dass Leidenschaft ohne Disziplin zur Illusion wird, habe ich bei einer 17-jährigen Schülerin erlebt, die mir voller Begeisterung erzählte, sie liebe nur Jesus. Ich sagte, dass ich mich über ihre leidenschaftliche Liebe zu Jesus freue. Doch als ich konkret nachfragte, wie ihr Alltag denn aussehe, erkannte ich, dass ihr Leben ein einziges Chaos war. Sie kam morgens gar nicht aus dem Bett, um Jesus lieben zu können. Diese Liebe war für sie nur eine Illusion, eine Ablenkung, die ihr dabei half, ihr chaotisches Leben zu verdrängen. Ihre Leidenschaft hatte nicht die Kraft, ihr Leben zu formen, sondern war nur eine Ausrede, um sich der Wahrheit ihres Alltags nicht stellen zu müssen.

Viele meinen, dass Künstler ihrer Intuition folgen und nur dann schreiben oder malen, wenn sie die Muse küsst. Doch die meisten Schriftsteller habe sehr große Disziplin darin, wann und wie lange sie täglich schreiben. Durch eine klare Tagesordnung bleiben sie viele Stunden diszipliniert am Schreibtisch sitzen. Das bedeutet nicht, dass das Schreiben immer gleich gut gelingt. Aber wenn man es immer nur auf kreative Momente verschiebt, wird auf Dauer nicht viel dabei herauskommen.

Physische Disziplin – Leidenschaft für den eigenen Körper

Wer sich leidenschaftlich für eine Aufgabe einsetzt, braucht physische Disziplin. Das bedeutet zum einen, dass ich auf meine Ernährung achte. Ich kenne Menschen, die voller Leidenschaft arbeiten, aber völlig unregelmäßig Mahlzeiten zu sich nehmen oder häufig zwischendurch essen und sich dann wundern, dass sie zunehmen. Sie sorgen nicht für ihren Leib. Doch dann merken sie, dass sie übergewichtig werden und ärgern sich über sich selbst. Das entzieht ihnen Energie und schwächt ihre Leidenschaft.

Thomas von Aquin war offensichtlich einer, der vor lauter Leidenschaft für die Wissenschaft seine physische Disziplin vernachlässigte. An seinem Studierpult musste extra ein runder Einschnitt angebracht werden, damit er überhaupt daran sitzen konnte. Thomas hat sich manchmal selbstironisch über seine imposante Leibesfülle geäußert. Seine Mitbrüder nannten ihn nur »den stummen Ochsen«. Allerdings hat ihn seine Leibesfülle nicht davon abgehalten, sich ganz der Wissenschaft zu widmen und unendlich viel zu lesen und zu schreiben. Am Ende seines Lebens verließ ihn jedoch diese Leidenschaft. Er hatte offensichtlich eine mystische Erfahrung gemacht, die ihn die Feder aus der Hand legen ließ. Seine letzten Worte sollen gewesen sein: »Ich kann nicht mehr; vor dem, was ich gesehen habe, erscheint mir alles, was ich geschrieben habe, wie Spreu« (Weischedel, Die philosophische Hintertreppe 98).

Andere sind so leidenschaftlich bei ihrem Tun, dass sie am Ende des Arbeitstages nicht aufhören können. Doch auch ein gesundes Maß an Schlaf gehört zur physischen Disziplin. Wer diese körperlichen Dinge wie Ernährung und Schlaf vernachlässigt, der wird irgendwann auch seine Leidenschaft verlieren. Denn der Körper wird nach einiger Zeit rebellieren und ihm die Kraft versagen. Wer ohne physische Disziplin lebt, wird müde und schlapp und hat keine Lust mehr, sich für etwas leidenschaftlich einzusetzen. Ein Mann erzählte beispielsweise, dass er sich in den letzten Jahren auf viereinhalb Stunden Schlaf pro Nacht beschränkt habe. Doch nach drei Jahren brach er zusammen und hatte keine Energie mehr zum Arbeiten, zum Leben. Auch in dieser Hinsicht braucht es also eine gesunde Ordnung. Es gibt auf der anderen Seite Menschen, die ihr Leben verschlafen. Aber es gibt eben auch die, die den Schlaf meiden, weil sie sich in dieser Zeit nicht kontrollieren können. Disziplin meint aber keine Kontrolle, sondern ein Hilfsmittel, um meinen inneren Rhythmus zu finden und zu leben.

Zur physischen Disziplin gehört auch die Bewegung. Die Ärzte der Antike haben als ihre wichtigste Aufgabe nicht die Heilung von Krankheiten gesehen, sondern die sogenannte Diätetik. Es ist die Kunst des gesunden Lebens. Dazu gehört der angemessene Umgang mit Licht und Luft, dass man also nicht zum Stubenhocker wird, sondern auch die Natur genießt, nicht nur wegen des Lichts, sondern auch wegen der frischen Luft und des Atmens. Die Kunst des gesunden Lebens beginnt bei rein körperlichen Dingen, eben bei einem guten Gleichgewicht von Essen und Fasten, von Wachen und Schlafen, von Bewegung und Ruhe. Heute raten die Ärzte, sich ausreichend zu bewegen, spazieren zu gehen oder zu laufen, aber es geht immer um das rechte Maß. Man kann auch das Laufen übertreiben und sich ständig zu noch mehr Leistung zwingen.

Schon in der Antike wussten die Ärzte, dass der gute Umgang mit dem Leib sich auch auf die Seele heilsam auswirkt. Die Lateiner haben das in dem Sprichwort ausgedrückt: *mens sana in corpore sano* = ein gesunder Geist lebt in einem gesunden Leib. Das darf natürlich auch nicht absolut gesetzt werden, denn viele kranke Menschen tragen natürlich ebenfalls einen gesunden Geist in sich. Wir können uns unsere leibliche Konstitution nicht aussuchen. Es gilt, mit dem, wie wir sind, gut umzugehen. Manche behandeln ihren Körper wie eine Maschine. Sie wollen sie durch Sport und Ernährung möglichst perfekt machen. Aber sie gehen nicht liebevoll mit ihrem Leib um. Sie haben keine gute Beziehung zu ihm. Zur guten Disziplin gehört es, dass ich auf meinen Leib höre und liebevoll mit ihm umgehe, ganz gleich, ob er gesund oder krank ist. Der gute Umgang mit dem Leib ist die Voraussetzung dafür, dass unsere Leidenschaft bleibt und uns Kraft verleiht. Sie mag sich mit dem Alter wandeln, aber sie wird nicht einfach verfliegen.

Psychische Disziplin – den Dämonen begegnen

Die psychische Disziplin im Umgang mit den Leidenschaften hat der Psychologe unter den frühen Mönchen, Evagrius Ponticus (345–399) eingehend beschrieben. Es geht darum, die destruktiven Leidenschaften, die in jedem von uns auftauchen, anzuschauen, sie genau zu beobachten und zu erforschen und dann Wege zu finden, so mit ihnen umzugehen, dass die Kraft, die darin steckt, unserem spirituellen Weg dient und uns antreibt, leidenschaftlich Gott zu suchen, uns nach ihm auszustrecken. Evagrius war ein angesehener Wüstenvater, weil er ein tiefes Wissen über die Wirkweise der Leidenschaften hatte und dieses Wissen in einer Weise ausdrücken konnte, dass die Mönche das Wesen der Leidenschaften erkennen und angemessen damit umgehen konnten. Das Ziel war dabei nicht, die Leidenschaften zu unterdrücken, sondern sich mit ihnen bekannt zu machen und sie dann zu verwandeln, um sie für das eigene Leben und Streben nutzen zu können.

Die Disziplin zeigt sich für Evagrius im richtigen Umgang mit den Leidenschaften. Er spricht von acht, manchmal auch von neun Leidenschaften, die er den drei Bereichen des Menschen zuordnet: dem begehrlichen Bereich *(epithymia)*, dem emotionalen Bereich *(thymos)* und dem geistigen Bereich *(nous)*. Dem begehrlichen Bereich ordnet er drei Triebe zu: Essen, Sexualität und Besitzstreben. Triebe wertet er insgesamt als gut, denn sie treiben uns zum Leben an, ermöglichen uns, das Leben zu genießen. Aber sie können auch zur Sucht werden. Daher braucht es das richtige Maß im Umgang mit ihnen. Dem emotionalen Bereich ordnet Evagrius drei Leidenschaften zu: Traurigkeit, Zorn und Akedia. Dem geistigen Bereich ordnet er drei weitere Leidenschaften zu: Ruhmsucht, Neid und Hybris. Er hat ausführlich über diese Leidenschaften geschrieben und Strategien entwickelt, wie wir darauf jeweils so reagieren können, dass sie uns nicht beherrschen, sondern uns menschlich reifer werden lassen und uns auf unserem spirituellen Weg stärken.

Wir schauen uns zunächst die Leidenschaften an, die im emotionalen Bereich des Menschen entstehen: Traurigkeit, Zorn und Akedia. Der Grund für die Traurigkeit sind oft infantile Wünsche an das Leben. Weil die illusionären Vorstellungen von meiner Zukunft nicht erfüllt werden, schwimme ich im Selbstmitleid und bedaure mich selbst. Meine Aufgabe besteht darin, die Traurigkeit zu beobachten und dann den Grund dafür zu erkennen. Entweder sind es Illusionen, die ich mir über mich und meine Zukunft gemacht habe. Oder es ist, wie Evagrius aufzeigt, die Abhängigkeit von äußeren Dingen. Ich bin traurig, weil ich das nicht haben kann, was ich gerne hätte, zum Beispiel Anerkennung. Ich hänge an meinen Defiziten, anstatt für das dankbar zu sein, was ich empfangen habe. Dann geht es darum – wie es der Buddhismus lehrt – das Anhaften an die Dinge loszulassen. Wir sind also verantwortlich, wie wir mit unserer Traurigkeit umgehen. Das bedeutet nicht, dass wir nicht traurig sein dürfen. Das gehört auch zu unserem Leben. Aber wenn Traurigkeit zum Selbstmitleid wird, dann muss ich versuchen, das Leben so, wie es ist, anzunehmen und zu gestalten, anstatt Illusionen von einem glücklichen Leben nachzuhängen.

Evagrius nennt als Heilmittel für die Traurigkeit *(lype)* das Betrauern *(penthos)*. Das bedeutet, dass ich schmerzlich Abschied nehme von meinen Illusionen und infantilen Vorstellungen vom Leben und es stattdessen so, wie es ist, bejahe. Nur wenn ich im Betrauern Abschied nehme von meinen Illusionen, kann ich mich mit Leidenschaft auf das einlassen, was mir wichtig ist. Das Gegenteil von Betrauern ist Nachtrauern. Ich trauere dem Leben nach, weil es meine Vorstellungen nicht erfüllt hat. Manche Studenten merken nach zwei Jahren Studium, dass das, was sie tun und lernen, eigentlich nicht das ist, was sie interessiert, was ihnen liegt. Vielleicht erinnern sie sich daran, dass es noch andere Optionen für ein Studium gegeben hätte, andere Fächer. Sie trauern also dem nach, was sie nicht gewählt haben. Das entzieht ihnen alle Energie. Wenn sie stattdessen betrauern würden, dass sie das andere Fach nicht gewählt haben, könnten sie sich mit voller Kraft auf das jetzige Studium einlassen und es gut schaffen. Natürlich gibt es Situationen, in denen man das Studienfach wechseln sollte, damit es stimmiger wird für einen selbst. Aber oft trauert man, sobald sich Schwierigkeiten zeigen, der Entscheidung nach, die man getroffen hat, und lähmt sich dadurch selbst. Man raubt sich alle Energie.

Den Zorn nennt Evagrius »die heftigste der Leidenschaften. Er ist ein Aufwallen des erregbaren Teiles der Seele, das sich gegen jemanden richtet, der einen verletzt hat, oder von dem man sich verletzt glaubt. Er reizt ohne aufzuhören die Seele dieses Menschen und drängt sich vor allem während der Gebetszeit ins Bewusstsein« (Evagrius, Praktikos, Kap. 11). Anstatt uns vom Zorn beherrschen zu lassen, sollen wir ihn verwandeln, indem wir ihn in die Kraft umsetzen, uns von dem zu distanzieren, der uns verletzt hat, uns von der Macht des anderen zu befreien. Wir sollen den Zorn in Ehrgeiz verwandeln und uns sagen: »Ich kann selbst leben. Ich lasse mich von dir nicht kaputtmachen.«

Eine andere Form von Disziplin im Umgang mit dem Zorn ist, die »Sonne nicht über dem Zorn untergehen zu lassen«, wie Paulus es formuliert (Eph 4,26). Evagrius begründet diese Forderung des Apostels nicht moralisch, sondern psychologisch. Denn wenn wir den Zorn mit in den Schlaf nehmen, dann wird er uns im Traum und im Unterbewusstsein beschäftigen und uns keine Ruhe gönnen. Am nächsten Morgen werden wir gerädert und kraftlos aufstehen. Die eigentliche Kraft, die den Zorn verwandelt, ist für Evagrius die Liebe: »Mehr noch als die Sinnlichkeit hat der Zorn ein Heilmittel vonnöten. Deswegen wird auch die Liebe so hochgeschätzt, denn sie kann dem Zorn die Zügel anlegen« (Praktikos, Kap. 38).

Heutige Psychologen können diese Einsicht des Evagrius bestätigen. Hinter dem Hass und dem Zorn steckt oft eine enttäuschte Liebe. In vielen Therapien geht es darum, mit dieser Liebe hinter dem Zorn in Berührung zu kommen. Dann löst er sich auf. Im Gegensatz zu Evagrius, der einfach das Phänomen des Zorns beschreibt, fragen die Psychologen heute nach der Ursache und finden sie in Zurückweisung, Enttäuschung, Frustration und Kränkungen in der Kindheit. Hassende Menschen sind »in ihrem Kern empfindlich getroffene, verletzte, sehr selbstunsichere Menschen. Das schwelende Gefühl von Groll und Hass verdeckt nur die Schwere der Kränkung und Enttäuschung, die sie erlitten haben« (Kutter 59).

Evagrius kennt aber auch die positive Kraft des Zorns. Diese können wir nutzen, um gegen destruktive Leidenschaften zu kämpfen, etwa gegen die Abhängigkeit von weltlichen Vergnügen oder gegen die Disziplinlosigkeit beim Essen und Trinken. Dann nutzen wir die Kraft, die im Zorn steckt, um uns von Abhängigkeiten zu befreien, die uns nicht guttun, oder von schädlichen Gewohnheiten.

Die destruktive Leidenschaft der Akedia, der Trägheit, meint, dass man unzufrieden ist mit dem Ort, an dem man lebt, mit den Menschen, mit denen man zusammen ist. Man schimpft auf die Wohnung, die einem nicht passt, auf die Kollegen, die Verwandtschaft. Man kann sich selbst nicht aushalten. Am liebsten möchte man davonlaufen. Letztlich ist die Akedia die Unfähigkeit, sich auf den Augenblick einzulassen: Ich habe weder Lust zur Arbeit, die ist zu anstrengend, noch zum Beten, das ist langweilig. Ich kann nicht einmal das Nichtstun genießen. Ich weiß nicht, wohin mit mir und möchte am liebsten aus der Haut fahren. Gegen diese destruktive Leidenschaft hilft nach Evagrius die Disziplin, einfach in der Zelle zu bleiben und sich selbst auszuhalten mit all dem inneren Chaos, das da in einem auftaucht. Es gilt, die innere Zerrissenheit anzuschauen und sie anzunehmen. Dann kann sie sich wandeln in eine innere Ruhe. Wenn wir aber ständig vor uns selbst davonlaufen, kann sich die Akedia nicht wandeln. Auch hier geht es darum, die innere Unfähigkeit, sich selbst auszuhalten, die innere Zerrissenheit und Leere Gott hinzuhalten, in dem Vertrauen, dass seine Liebe in die eigene Leere einströmt und sie verwandelt in eine innere Ruhe. Die Akedia ist das Gegenteil eines leidenschaftlichen Lebens. Sie bedeutet Lustlosigkeit, Trägheit, man lebt einfach so dahin, ohne sich der eigenen Wahrheit zu stellen. Evagrius rät, die Akedia in sich wahrzunehmen und sie in eine neue Lust am Leben, in eine neue Leidenschaftlichkeit zu verwandeln.

Dem geistigen Bereich ordnet Evagrius drei Leidenschaften zu: Ruhmsucht, Neid und Hybris. Die Ruhmsucht – so meint Evagrius – entsteht vor allem bei Menschen, die den Ehrgeiz haben, auf ihrem spirituellen Weg weiterzukommen. Sie haben jedoch das Bedürfnis, andern ständig von ihren Fortschritten zu erzählen. Im weltlichen Bereich begegnet uns die Ruhmsucht bei narzisstischen Menschen, die ständig von ihren Erfolgen und ihren Stärken erzählen müssen. Evagrius meint, es sei gar nicht leicht, sich der Versuchung zur Ruhmsucht zu entziehen: »Was man auch unternimmt, sie loszuwerden, wird zur Ursache für eine neue Art der Ruhmsucht« (Praktikos, Kap 30). Jeder Mensch möchte Anerkennung von anderen. Das ist auch nicht schlecht, weil es uns dazu antreibt, etwas zu leisten und uns leidenschaftlich für etwas einzusetzen. Doch die Ruhmsucht verfälscht unsere Leidenschaft. Wir leben sie dann, um von anderen gelobt zu werden. Der Wunsch danach ist an sich einfach menschlich, und es kann helfen, in aller Demut anzuerkennen, dass wir gerne gelobt werden möchten. Zugleich müssen wir den Wunsch nach Anerkennung immer wieder loslassen. Wir sagen uns dann: Ich mache es nicht, um gesehen zu werden, sondern weil ich es für gut halte.

Der Neid ist mit der Ruhmsucht verwandt. Ich bin nicht bei mir, bleibe nicht bei mir, sondern vergleiche mich ständig mit anderen. Ich bin neidisch auf Menschen, die beliebter sind als ich, die mehr Erfolg haben, die reicher sind. Doch Neid schwächt mich. »Neid vergiftet innerlich, zehrt an der Substanz, nagt und frisst sich ein in die Seele« (Kutter 136). Der Neider ist ständig mit dem Beneideten beschäftigt. Das raubt ihm alle Energie und schwächt seine Leidenschaft für das Gute. Der Neid kann zu einer wirklich zerstörerischen Leidenschaft werden: »Die sinnlose Zerstörung von Fremdeigentum ist häufig Folge geradezu leidenschaftlicher Ausbrüche von Neid« (Kutter 137f). Eine andere Weise, den Neid auszuleben, ist, andere ständig zu entwerten, ihre Vorzüge herabzusetzen. Neid ist oft Ausdruck von mangelndem Selbstwertgefühl. Daher funktioniert die Verwandlung des Neides nur, wenn ich mein Selbstwertgefühl stärke. Wir sollten dabei »das Missverhältnis zwischen der Unterschätzung von sich selbst und der Überschätzung des anderen in Frage stellen« (Kutter 142). Der Neid lädt uns ein, uns unsere eigene Bedürftigkeit einzugestehen: Ja, ich möchte Erfolg und Anerkennung, ich möchte beliebt, berühmt sein. Indem ich meine Bedürftigkeit eingestehe, kann ich sie loslassen und versuchen, mich mit dem, was ich habe, dankbar anzunehmen. Der Neid kann in eine positive Leidenschaft verwandelt werden, wenn ich dankbar auf mein eigenes Leben und die Gaben schaue, die Gott mir geschenkt hat.

Die schlimmste Leidenschaft ist für Evagrius Ponticus der Stolz, die Hybris: »Der Dämon des Stolzes ist Ursache für den schlimmsten Fall des Menschen. Er nämlich verführt den Mönch dazu, nicht in Gott die Ursache seiner tugendhaften Handlungen zu suchen, sondern bei sich selbst. Seine Mitbrüder hält der Stolze für dumm, nur weil sie nicht die gleiche Meinung haben wie er selbst« (Praktikos, Kap.14). Wer stolz ist, bei dem stimmt das Selbstbild nicht mit dem Fremdbild überein. Er muss sich selbst als groß darstellen, weil er damit seine Minderwertigkeit ausgleichen will. Und er hat kein Maß bei seinem Selbstbild. Er hält sich für den größten und intelligentesten Menschen und wertet alle anderen ab. Für Evagrius geht es darum, diesen Hochmut in Demut zu verwandeln. Eine Hilfe ist für ihn dabei die Erinnerung an das eigene Leben: »Denke an dein früheres Leben und an deine vergangenen Sünden und daran, wie du durch Christi Erbarmen Apatheia erlangt hast, obwohl du doch von deinen Leidenschaften beherrscht warst ... Solche Gedanken wecken ein Gefühl der Demut in uns und vermögen den Dämon des Stolzes fernzuhalten« (Praktikos, Kap. 33).

Die Bibel beschreibt den Stolz im Bild der Blindheit. Johannes erzählt beispielsweise von der Heilung des Blindgeborenen (siehe Joh 9,1–12). Zur Zeit Jesu verstand man eine Krankheit häufig als Strafe für das eigene Tun oder das der

Eltern, so auch die Blindheit. Jesus wehrt sich jedoch dagegen, nach der Schuld zu fragen. Keiner ist schuldig, sondern »das Wirken Gottes soll an ihm offenbar werden« (Joh 9,3). Der Blindgeborene ist offen für das Wirken Gottes in ihm, nicht nur für die Heilung durch Gott, sondern auch für das Wirken in seiner Krankheit. Wenn wir den Blindgeborenen als Bild für uns sehen, dann erinnert er uns daran, dass wir manchmal von Geburt an die Augen verschließen mussten, weil wir die Wirklichkeit so, wie sie sich uns darbot, nicht anschauen konnten. Es war für uns überlebensnotwendig, die Augen zu verschließen und uns vor den traumatischen Erfahrungen in der Kindheit zu schützen. Aber jetzt, als Erwachsene, funktioniert diese Strategie nicht mehr. Jetzt brauchen wir offene Augen, um uns dem Leben, so wie es ist, zu stellen. Jesus heilt den Blindgeborenen, indem er auf die Erde *(humus)* spuckt und mit seinem Speichel einen Teig rührt, den er dem Blinden auf die Augen schmiert. Er will ihm damit sagen: Du musst dich aussöhnen mit dem Dreck in dir, mit dem Erdhaften, mit all dem, was du am liebsten nicht anschauen möchtest. Dann befiehlt Jesus dem Blinden: »Geh und wasch dich in dem Teich Schiloach. Schiloach heißt übersetzt: Der Gesandte« (Joh 9,7). Der Blinde soll also Christus seine Wirklichkeit, so wie sie ist, mit all dem Unansehnlichen, mit all dem Dreck hinhalten. Jesus wäscht den Schmutz mit seiner Liebe ab. Dann wird der Blinde fähig, sich selbst anzunehmen, weil alles – auch seine Schattenseiten – von der Liebe Jesu umhüllt und verwandelt wird.

Wie Hochmut sich konkret äußert, wurde mir bei einem Mitarbeiter bewusst, der sich für jede Aufgabe, die wir ihm anboten, für überqualifiziert hielt. Das hinderte ihn daran, sich wirklich für seine Aufgabe einzusetzen. Es gibt ein chinesisches Sprichwort, das diesen Hochmut treffend beschreibt: »Hohe Augen, niedrige Hände.« Wer zu hohe Augen hat, also auf andere heruntersieht, der packt nichts an, der wird mit seinen Händen nichts Großes bewirken. Er schaut über alles hinweg, aber er tut nichts. Der Hochmut hält ihn von einem leidenschaftlichen Handeln ab.

Evagrius rechnet damit, dass jeder die Versuchung zum Hochmut, zur Hybris kennt. Wir sollten uns deshalb jedoch nicht verurteilen, sondern die Hybris in uns wahrnehmen und den Mut finden, in die eigene Wahrheit hinabzusteigen. Demut meint den Mut, hinabzusteigen in die Abgründe der eigenen Seele, in die eigene Erdhaftigkeit. Dann bekommen wir wieder Boden unter den Füßen. Dann können wir gelassen mit beiden Füßen auf dem Boden stehen und heben nicht mit Idealbildern von uns selbst von der Erde ab und verlieren dadurch allen Halt.

Evagrius rät uns, unsere Gedanken genau zu beobachten. So verlangt er vom Mönch: »Achten sollte er auf ihre Intensität, auch darauf, wann sie nachlassen, wann sie entstehen und wieder vergehen. Er sollte die Vielfalt seiner Gedanken beobachten, die Regelmäßigkeit, mit der sie immer wieder auftauchen, die Dämonen, die dafür verantwortlich sind, welcher die jeweils vorausgegangenen ablöst und welcher nicht. Dann sollte er Christus bitten, ihm all das zu erklären, was er beobachtet hat« (Evagrius, Praktikos, Kap. 50). Wir sollen also unsere Emotionen und Leidenschaften genau beobachten, ohne sie zu bewerten, sondern einfach versuchen, sie zu verstehen. Und dann sollten wir Christus bitten, er möge uns erklären, was diese Gedanken eigentlich von uns möchten und wie wir mit ihnen umgehen können. Ich soll also im Gebet alles, was in mir auftaucht, Christus hinhalten und mit ihm darüber sprechen. Dann wird mir der Sinn aufgehen, der in jeder Leidenschaft steckt.

Die Leidenschaft ist eine gefühlsbetonte Antriebskraft. Der Umgang mit den Leidenschaften, wie ihn Evagrius beschreibt, hat das Ziel, diese Antriebskraft zu reinigen, damit sie nicht zu einem narzisstischen Kreisen um sich selbst wird, sondern zu einem leidenschaftlichen Einsatz für andere Menschen oder für Gott. Gerade die Hybris zeigt, dass alles leidenschaftliche Tun pervertiert werden kann. Mein leidenschaftliches Streben nach immer härterer Askese dient dann nur der Verherrlichung des eigenen Ego. Ich tue so, als öffnete ich mich für Gott mit meinem Fasten und meinem ständigen Meditieren. Aber in Wirklichkeit kreise ich nur um mich selbst. Ich möchte mich als einen besonderen Menschen herausstellen.

Auch wenn ich wie Jesus voller Zorn gegen ungerechte Strukturen in der Gesellschaft kämpfe, gilt es, mich zu prüfen. Setze ich meine zornige Leidenschaft wirklich für andere ein oder kämpfe ich gegen die Menschen, die ich für ungerecht halte? Es geht schon darum, Ungerechtigkeit zu bekämpfen, aber nicht Menschen. Ich kann ungerechten Menschen Grenzen setzen, aber wenn ich mich im Zorn hinreißen lasse, Gewalt anzuwenden, ist das ein Zeichen dafür, dass meine Leidenschaft noch nicht gereinigt ist. Wenn beispielsweise Klimaaktivisten gegen die Ausbeutung der Natur protestieren, ist das ein Zeichen einer guten Leidenschaft. Aber wenn sie dabei gegenüber anderen Gewalt ausüben, ist ihre Leidenschaft getrübt durch einen Groll, der sie beherrscht. Sie setzen dann ihren Zorn nicht für die Menschen ein, sondern gegen sie. Evagrius schreibt: »Zornig dürfen wir sein, wenn wir uns gegen die Dämonen wenden und wenn wir gegen die Vergnügen ankämpfen ... Diese jedoch (die Dämonen des Zorns) versuchen uns zu weltlichen Vergnügen zu verleiten und drängen uns, entgegen unserer Natur, zum Streit mit unseren Mitmenschen, damit wir, so geistesblind und unwissend geworden, vom Weg der Tugend abkommen« (Praktikos, Kap. 24). Diese Worte, vor mehr als 1650 Jahren geschrieben, sollten sich alle Demonstranten zu Herzen nehmen, die ihren Zorn gegen ungerechte Zustände wenden wollen, dabei aber oft dazu verleitet werden, den Zorn gegen die Mitmenschen zu richten. Evagrius mahnt uns immer wieder, unsere Leidenschaften genau anzuschauen und sie zu reinigen, damit sie dem Leben dienen und auch in anderen Menschen Leben hervorlocken.

Leidenschaften heißen im Lateinischen *passiones*. In der Moraltheologie ist statt von Leidenschaften häufig von der Gier die Rede, zum Beispiel die Habgier oder die Gier beim Essen. Der lateinische Ausdruck für Gier und Begehren ist *concupiscentia*. Die frühen Kirchenväter der antiochenischen Schule haben das sinnliche Begehren als von Gott geschaffen verstanden. Die Aufgabe des Menschen ist es aus ihrer Sicht, das Begehren auf das Gute hin zu lenken. Ähnlich sieht es Thomas von Aquin, der von der Wesenseinheit des leib-geistigen Menschen ausgeht. Für ihn gehört das Begehren wesentlich zum Menschen. Augustinus dagegen sah das Begehren eher negativ und hielt es für den Grund der Sünde. Doch er kennt auch einen positiven Ausdruck für das Begehren: *desiderium*. Das kann man auch mit »Sehnsucht« übersetzen: In der Gier des Menschen steckt eine tiefe Sehnsucht nach Leben, nach Lebendigkeit, nach einer erfüllten Sinnlichkeit. Unsere Aufgabe ist, die Sehnsucht im Begehren zu erkennen und sie auf Gott hin auszurichten. Dann wird unsere Spiritualität eine leidenschaftliche Spiritualität.

Auch die deutsche Sprache kennt neben dem negativen Aspekt von Gier einen positiven, wie er im Wort »Neugier« zu finden ist. Natürlich kann auch Neugier negativ besetzt sein, wenn jemand ständig seine Nase in die Angelegenheiten anderer steckt und sie nach den neusten Skandalen ausfragt. Diese Art von Neugier zieht ihre Energie aus dem triebhaften Begehren. Doch sie kann auch eine positive, lebensfördernde Leidenschaft sein, wenn ich zum Beispiel neugierig bin, um etwas zu erforschen. Die Neugierde treibt mich an, immer tiefer in das Geheimnis des Lebens einzudringen, immer mehr nach Worten zu suchen, die das Geheimnis Gottes angemessen beschreiben. »Neugier ist produktiv, kreativ: Die erste Begegnung mit einem Menschen, der uns sympathisch ist, mit dem wir uns verstehen, beflügelt unser Denken. Gefühle werden in uns angerührt, die bisher womöglich noch nie gefühlt worden waren oder die seit langem im Verborgenen ruhten« (Kutter 163.) Diese leidenschaftliche Neugier treibt Wissenschaftler an, nach Neuem zu forschen, motiviert Künstler, Neues auszuprobieren. Sie gibt auch spirituell suchenden Menschen die Energie, weiterzusuchen und sich nicht vorschnell zufrieden zu geben.

Was an der Neugier als Leidenschaft deutlich wird, gilt letztlich für alle Leidenschaften: Sie können zerstören und Leben hemmen. Sie können aber auch Leben wecken. Sie können uns antreiben, dass wir uns voller Begeisterung für andere Menschen einsetzen. Sie motivieren uns, intensiver zu leben, und hindern uns daran, einfach stehen zu bleiben und uns im Vorhandenen einzurichten. Ohne Leidenschaft wird das Leben langweilig. So ist es unsere ständige Aufgabe, die Leidenschaften von destruktiven Kräften und Motiven zu reinigen, damit wir ihre lebensstärkenden Energien entdecken, die uns zu einem erfüllten Leben antreiben.

Spirituelle Disziplin – der Klugheit folgen

Vielleicht kennen Sie das – sie buchen einen Meditations- oder Exerzitienkurs und sind ganz fasziniert von der Praxis, die hier geübt wird. Sie nehmen sich vor, das auch nach Ihrer Rückkehr nach Hause täglich zu tun und es für den Alltag beizubehalten. Doch nach zwei Wochen versanden die guten Vorsätze, verschwindet die Praxis wieder, weil so viel anderes zu tun und so wichtig ist. Viele beklagen sich dann, dass ihr Alltag es einfach nicht zulässt, die Leidenschaftlichkeit für den spirituellen Weg durchzuhalten. Oder sie klagen sich selbst an, dass sie zu wenig Disziplin haben, um ein geistliches Leben zu führen.

Die Verhaltenspsychologie dagegen weiß: Ob ich das, was ich mir vornehme, einhalte oder nicht, ist nicht eine Sache der Disziplin oder der Willensstärke, sondern der Klugheit und Übung. Wenn ich also in mir gegen eine Übung Widerstand spüre oder wenn ich sie schleifen lasse, dann hat es wenig Sinn, mich zu beschimpfen und mir Schuldgefühle einzureden, dass ich einfach zu schwach bin. Denn Schuldgefühle lähmen mich und rauben mir meine Kraft. Zielführender wäre es, mit dem Widerstand zu sprechen, ihn zu befragen. Antwortet er mir, dass die Übung nicht meiner tiefsten Leidenschaft entspricht, sondern dass ich damit nur einen spirituellen Meister kopieren möchte oder mir selbst oder anderen beweisen möchte, dass ich ein spiritueller Mensch bin, dann sollte ich nach einer anderen Übung suchen, die für mich stimmt, die meinem Wesen entspricht. Vielleicht macht mein Widerstand mir auch deutlich, dass ich mir von der täglichen Meditation zu viel erwarte, weil ich denke, dass ich immer eine tiefe spirituelle Erfahrung machen müsste. Doch selbst wenn ich mir Zeit für die Meditation nehme, kann es sein, dass ich nur Leere spüre oder eben keine besondere spirituelle Erfahrung mache. Dann zeigt mir mein Widerstand, dass ich meine Einstellung zu den einzelnen Übungen verwandeln muss: Ich übe die Meditation oder die Bibellesung oder was immer ich mir vorgenommen habe, nicht, um irgendjemandem etwas beweisen zu wollen. Ich übe sie auch nicht, um vor Gott gut dazustehen. Gott braucht meine Meditation oder meine Rituale nicht. Ich übe sie auch nicht, um mich wohlzufühlen und spirituelle Gefühle zu genießen. Ich übe sie, damit ich immer mehr verwandelt werde in die einmalige Gestalt hinein, die Gott sich von mir gemacht hat und um meine spirituelle Leidenschaft wachzuhalten.

Das Gespräch mit meinen Widerständen führt dazu, dass ich die Kraft der Leidenschaften für meinen Reifungsweg und für meinen spirituellen Weg fruchtbar werden lasse. Es deckt mir auf, ob meine Motivation für diesen spirituellen Weg stimmt oder nicht, und zeigt mir, dass ich oft von einem falschen Gottesbild ausgehe. Ich meine, ich müsse Gott etwas beweisen, ich müsse ihn zufriedenstellen, etwas leisten. Doch dann kreise ich in meinem spirituellen Tun noch zu sehr um mein eigenes Ego. Ich kenne Menschen, die täglich mehrere Stunden voller Leidenschaft meditieren. Doch sie werden dadurch nicht verwandelt, sie werden weder menschlich reifer noch kommen sie auf ihrem spirituellen Weg weiter. Denn ihre Leidenschaft ist zu sehr von der Ruhmsucht oder der Hybris geprägt. Sie wollen etwas Besseres sein als die anderen. Die echte spirituelle Leidenschaft führt immer zur Demut und zur Solidarität mit anderen.

Die Klugheit ist auch ein guter Wegweiser, wenn ich mir überlege, wie viel Zeit ich mir für meine täglichen Rituale und Übungen nehmen soll. Manche nehmen sich vor, eine halbe Stunde am Morgen zu meditieren. Doch dann quälen sie sich, früh genug aufzustehen. Oder sie fühlen sich morgens zu müde und lassen daher die Meditation gleich ganz ausfallen. Da ist es klüger, mir am Morgen vielleicht nur ein kurzes Ritual auszusuchen, bei dem ich mich nicht anstrengen muss, sondern das mir jeden Tag guttut, auf das ich mich freue. Ich kann zum Beispiel jeden Morgen mit einem kurzen Segensritual beginnen: Ich stehe aufrecht da und erhebe meine Hände. Dann stelle ich mir vor, wie der Segen durch meine Hände zu meiner Familie und dann zu den Menschen strömt, mit denen und für die ich heute arbeite. Das Ritual dauert vielleicht drei Minuten. Aber dann wird mein Glaube wirklich meinen Alltag prägen. Oder ich nehme mir nur eine kurze Zeit der Stille vor. Wenn es mir damit gut geht, kann ich später am Tag die Zeit etwas ausdehnen.

In der evangelischen Kirche ist es üblich, täglich die sogenannte Losung zu lesen – ein Bibelvers, der in einem Buch zu finden ist, in dem für jeden Tag des Jahres ein Bibelvers ausgelost wurde. Man meditiert dann diesen Vers, nimmt ihn als Leitsatz für den ganzen Tag. Ein iranischer Christ erzählte mir, dass er jeden Morgen den Text aus meinem Jahresbuch »Jeder Tag ein neuer Anfang« liest, zuerst leise, dann laut. Dann wird er still, denkt darüber nach und nimmt die Gedanken aus diesem Text mit in den Tag.

Die Klugheit sagt mir auch, zu welcher Tageszeit ich am besten ein solches Ritual vollziehe. Wenn ich ein Morgenmuffel bin, hat es wenig Sinn, mir morgens zu viel Zeit für das Ritual zu reservieren. Wenn ich abends zu müde bin, ist es auch nicht klug, sich dann noch zu einer langen Meditation hinzusetzen. Vielleicht brauche ich nur ein kurzes Ritual, in dem ich den Tag Gott übergebe. Die Klugheit lässt mich mit meinen Ritualen und spirituellen Übungen experimentieren, um herauszufinden, was meine spirituelle Leidenschaft lebendig hält. Der Psychotherapeut und Zen-Lehrer Karlfried Graf Dürckheim gab denen, die sich vorgenommen hatten, täglich zu meditieren, den Rat, sie sollten mit gutem Gewissen einmal oder zweimal in der Woche bewusst nicht meditieren, denn das sei besser, als ständig mit einem schlechten Gewissen die Meditation ausfallen zu lassen. Außerdem führt das dazu, dass meine Rituale nicht zwanghaft werden, dass mein geistliches Leben keinen zwanghaften Charakter bekommt, sondern Freiheit atmet.

Die Wüstenväter sind ihren asketischen Weg voller Leidenschaft gegangen. Sie hat ihnen Kraft gegeben, ein entbehrungsreiches Leben zu führen, streng zu fasten und hart zu arbeiten, auf viele Annehmlichkeiten zu verzichten. Doch es gab immer auch Mönche, die ihre asketischen Leistungen übertrieben haben. Sie wollten vor den anderen als besonders starke Asketen erscheinen. Die Erzählungen der Wüstenväter zeigen, dass diese Menschen jedoch oft entweder ihren spirituellen Weg aufgegeben haben und wieder in die Welt gegangen sind oder dass sie manchmal tatsächlich den Verstand verloren haben, so wie in ihrer Leidenschaft das Maß. Sie hatten übersehen, dass sich in ihre spirituellen Leidenschaften die destruktiven Leidenschaften von Stolz und Ruhmsucht gemischt hatten.

Evagrius sagt: Wer ohne Methode kämpft, kämpft vergebens. Unser geistliches Leben braucht durchaus eine Disziplin, eine gute Form und heilsame Rituale. Damit unsere spirituelle Leidenschaft lebendig bleibt, sollten wir solche finden, die unserem Wesen entsprechen. Wenn wir diese Formen üben, dann nicht, um uns über andere zu stellen. Die Mönche haben dafür viel bescheidenere Bilder. Sie sagen: Ich gehe deshalb in die Wüste, um den bissigen Hund in mir, der sonst die anderen anfallen würde, zu zähmen und ihn daran zu hindern, ihnen zu schaden. Sie üben ihre Rituale und ihre asketischen Formen aus dem Bewusstsein der eigenen Schwäche heraus. Weil ich schwach bin, brauche ich eine Form, die mich hält, die meine spirituelle Leidenschaft wachhält.

Ein anderes Bild, das sie in ihrer spirituellen Leidenschaft stärkt: Ich gehe in die Wüste, einen Ort, der von den Dämonen beherrscht wird. Wenn ich dort, wo ich bin, in die Dunkelheit um mich und in mir Licht bringe, dann wird die ganze Welt davon etwas heller. Und wenn ich in mir eine destruktive Leidenschaft in eine positive verwandle, leiste ich auch für die Menschen in der Welt einen Dienst. Dann vermittle ich auch den Menschen in der Welt Hoffnung auf Überwindung der negativen Leidenschaften. Die Mönche sind ihren spirituellen Weg nie nur für sich gegangen, sondern immer in Solidarität mit allen Menschen. Diese Solidarität hat ihre Leidenschaft im Ringen mit den destruktiven Kräften gestärkt und sie befähigt, sie in einen Segen für andere zu verwandeln.

Stolpersteine – was unserer Leidenschaft im Weg steht

Das größte Hindernis für ein leidenschaftliches Leben ist die Akedia: Lustlosigkeit, Gleichgültigkeit, Antriebslosigkeit, Trägheit, Überdruss, Mattigkeit. Die Seele erschlafft und hat keine Kraft mehr. Man lebt einfach so dahin, ohne Sinn und Ziel, ohne Kraft und Engagement für andere Menschen. Häufig zeigt sich die Akedia als ständige Unrast. Man muss sich immerzu ablenken und zerstreuen und kann sich auf nichts wirklich einlassen.

Heute gibt es eine besondere Form dieses Hindernisses: die digitale Akedia. Durch die neuen Medien sind wir täglich einer Flut von Informationen ausgesetzt. Viele Meldungen aus aller Welt erscheinen so schnell auf unseren Bildschirmen, wie sie auch schon wieder verschwunden sind. Wollte man sich mit Leidenschaft in etwas vertiefen, müsste man sich dazu viel Zeit nehmen und sich auch auf eine immer tiefer führende Suche im Netz und verschiedenen Plattformen einlassen. Das Ergebnis ist oft, dass wir durch die Vielzahl der Informationen abstumpfen. Wir bleiben in der Passivität stecken, nehmen die Informationen auf, aber brennen nicht für das, was wir erfahren. Wir hüpfen von einer Meldung zur anderen und lenken uns so davon ab, uns wirklich auf etwas einzulassen. Dadurch verlernen wir, uns mit Leidenschaft für ein Thema zu begeistern. Zum Beispiel, uns in ein interessantes Buch zu vertiefen und beim Lesen in eine andere Welt einzutauchen, die unser Leben bereichert. Denn die fremde Welt, in die wir beim Lesen eintauchen, ist immer auch in uns. So entdecken wir beim Lesen den Reichtum unserer eigenen Seele.

Die Informationen strömen von außen auf uns ein, aber sie bringen uns nicht in Berührung mit unserer eigenen Seele. Leidenschaft muss jedoch aus unserer Seele strömen. Oder, wie es in Bezug auf Jesus heißt: die Kraft kommt aus der *exousia*, aus dem Sein, aus dem innersten Wesen heraus. Nur diese Kraft, die aus dem Innern strömt, ist eine leidenschaftliche Kraft, die etwas in der Welt in Bewegung setzen kann. Bloße Informationen, die auf uns einprasseln, lähmen uns. Wir können uns nicht entscheiden, für was wir unsere Leidenschaft einsetzen sollen. Das Viele, das von außen auf uns zukommt, deckt die Leidenschaft in uns zu und hindert sie daran, sich auszudrücken. Die vielen Informationen über andere Personen, die wir aus den Neuen Medien erhalten, führen entweder dazu, dass wir uns ständig mit anderen vergleichen, oder aber dazu, dass wir den anderen gleich werden wollen, dass wir unsere eigene Identität und Personalität zugunsten einer Egalität verleugnen. Sowohl das Vergleichen als auch das Gleichwerden führen nicht zu einem leidenschaftlichen Einsatz für das Leben, für die Menschen, für Gott. Leidenschaft braucht Zeit und einen weiten Horizont.

Das Gefühl, das die Akedia begleitet, ist eine innere Leere. Der französische Psychoanalytiker Alain Ehrenberg nennt diese innere Leere das Kennzeichen des Menschen, dessen höchstes Ziel es ist, er selbst sein zu wollen. Doch viele fühlen sich bei ihrem Versuch, sie selbst zu sein, müde und leer. Die innere Leere zeigt sich in dem Gefühl, überflüssig zu sein und nicht den Erwartungen zu entsprechen, die er in der Gesellschaft spürt (vgl. Ehrenberg 18f). Daher sieht Ehrenberg die Aufgabe der Psychoanalyse darin, sich weniger – wie zur Zeit Sigmund Freuds – mit den Konflikten des menschlichen Lebens zu befassen, als vielmehr mit dem weniger fassbaren Symptom der Leere (vgl. Ehrenberg 272).

Dies entspricht dem, was Evagrius unter Akedia versteht. Sie ist immer auch mit Langeweile verbunden. Man nimmt immer neue Informationen in sich auf, aber innerlich bleibt man leer. Oder man lebt in einer Partnerschaft, aber neben dem anderen fühlt man sich leer. Diese Leere ist verbunden mit Selbstzweifeln, mit dem Gefühl von Unvollständigkeit. Solche Gefühle reißen in uns ein tiefes Loch, das wir versuchen, mit anderen Dingen zuzustopfen: Aktivitäten, Essen, Wissen. Das zieht oft eine innere Unruhe und Schlaflosigkeit nach sich. Man fühlt sich leer, kann aber nicht bei sich selbst bleiben. Evagrius rät, diese Leere auszuhalten und sie Gott hinzuhalten, damit Gottes Geist in sie eindringen und sie verwandeln kann. Dann kann daraus wieder Leidenschaft für das Leben und für die Menschen entstehen. Wenn wir die Leere mit Ersatzstoffen und -handlungen zustopfen, wird sie uns immer begleiten und uns an der Leidenschaft hindern. Sie will angeschaut werden, dann werden wir durch die Leere hindurch in den Grund unserer Seele gelangen, in dem wir wieder in Berührung kommen mit der Leidenschaft, die in der Tiefe unseres Seins immer vorhanden ist, die aber auch immer wieder aufgeweckt werden will. Evagrius geht es darum, den Menschen von seiner inneren Leere zu heilen. Alain Ehrenberg sieht in dem Bestreben heutiger Psychiatrie, die Leere mit den entsprechenden Psychopharmaka zu überwinden, die Gefahr, das Wohlbefinden in das Zentrum psychologischer Behandlung zu stellen und die Heilung zu vergessen.

Es gibt jedoch auch noch andere Hindernisse, die in meinem Leben auftreten und meine Leidenschaft schwächen oder sogar völlig auflösen. Das kann eine Krankheit sein. Ein Mann erzählte mir beispielsweise, dass ihn eine Viruserkrankung lange Zeit lähmte und sehr müde werden ließ. Diese Müdigkeit schwächte auch seine Leidenschaft. In der Corona-Pandemie haben viele für einige Wochen Ähnliches erlebt. Wenn ich mich kraftlos fühle, schwächt das auch meine Leidenschaft oder bringt sie völlig zum Verschwinden. Ich kann mich nicht mehr für andere einsetzen, keine Projekte mehr für sie starten. Dann wäre es meine Aufgabe, mich mit meiner Kraftlosigkeit auszusöhnen und zu betrauern, dass ich mich nicht mehr mit der alten Leidenschaft meiner Arbeit und meiner Berufung widmen kann.

Wenn ich diese Müdigkeit betrauere, finde ich zugleich andere Möglichkeiten, meine alte Leidenschaft im Dienst für andere auf neue Weise zu leben. Ich kann für sie beten, mich in meiner Kraftlosigkeit mit ihnen in ihrem Leid solidarisch fühlen. Vielleicht habe ich auch neue Ideen, wie ich das Geheimnis des leidenden Menschen verstehen und deuten könnte, sodass mein Tun auch für andere zum Segen werden kann.

Ein weiteres Hindernis kann eine Verletzung durch andere Menschen sein: Ich habe mich mit voller Leidenschaft engagiert. Aber jetzt wurde ich ausgenutzt. Die anderen haben meine Hilfe angenommen, mich aber ausgelacht, dass ich so dumm bin. Und so haben sie mich immer wieder betrogen und von mir Geld oder Leistung erbettelt, über die sie dann gespottet haben. Vielleicht hat mich auch jemand, mit dem ich gemeinsam auf dem Weg war, verletzt. Er hat mich im Stich gelassen oder all mein Tun als egoistisches Kreisen um mich selbst kritisiert. Solche Kränkungen können mir die Kraft rauben. Eine häufige Reaktion darauf ist, dass ich mich zurückziehe und gar nichts mehr tue. Doch damit schade ich mir selbst. Auch hier wäre die Aufgabe, mich mit meiner Verletzung auszusöhnen. Das meint nicht, sie zu überspringen. Ich lasse den Schmerz zu. Aber ich bleibe nicht in der Opferrolle stecken. Ich akzeptiere, dass ich tief verletzt worden bin. Aber ich reagiere aktiv darauf, anstatt darüber zu schmollen, wie gemein die Menschen sind.

Wenn ich mich mit meiner Kränkung auseinandergesetzt habe, kann ich neu überlegen: Vielleicht sollte ich meine Leidenschaft nicht mehr für diese Menschen einsetzen, vielleicht sollte ich mich von diesen Mitarbeitern trennen. Aber ich darf mich durch die Verletzung nicht lähmen lassen. Auch hier gilt: zuerst die Verletzung betrauern, dann aber durch den Schmerz hindurchgehen in den Grund meiner Seele. Dort komme ich mit meiner inneren Quelle in Berührung und mit meiner ursprünglichen Leidenschaft. Dann kann ich überlegen, wo und wie ich sie jetzt einsetzen möchte.

Ein Beispiel: Eine Psychologin engagierte sich in ihrer Arbeit mit Leidenschaft für ihre Klienten. Doch dann gab es Schwierigkeiten im Team. Sie fühlte sich nicht verstanden von den anderen und geriet in eine Opferrolle hinein, hatte das Gefühl, alle hätten etwas gegen sie. Nun tyrannisierte sie das Team ihrerseits mit ihrer passiven Aggression. Anstatt ihre Leidenschaft weiter für ihre Klienten einzusetzen, wandelte sich ihr Engagement in eine destruktive Leidenschaft. Es ist verständlich, dass die Verletzung durch die Teammitglieder ihre Leidenschaft bremste. Aber anstatt sich damit auszusöhnen, hat sie ihre Leidenschaft für andere in eine Leidenschaft gegen andere verwandelt. Das tat ihr selbst nicht gut und dem Team auch nicht. Zudem konnte sie nun nicht mehr die einfühlsame Therapeutin für ihre Klienten sein. Ihre Aufgabe wäre es, die Verletzung und Enttäuschung zu betrauern und dann wieder in Berührung mit ihrer ursprünglichen Leidenschaft für die Klienten und deren Heilung zu kommen.

Ein großes Hindernis auf dem Weg, leidenschaftlich zu leben, ist die Depression. Dabei ist »die Fähigkeit zu empfinden, zu fühlen und wollen eingeschränkt« (Hell 215). Sie zeichnet sich aus durch den »Verlust an Erlebensreichtum und Vitalität. Depressive Menschen fühlen sich niedergeschlagen und bedrückt. Ihr Gemüt ist herabgestimmt. Alles erscheint grau in grau« (Hell 216). In diesem Verlust an Lebendigkeit und in dieser Unfähigkeit, etwas zu fühlen, kann man auch keine Leidenschaft spüren. Man ist abgeschnitten von seinen Leidenschaften, von den positiven wie von den destruktiven. »Depressive Menschen erfahren sich als interesselos und konzentrationslos, als schlaf- und appetitlos, als kraft- und gefühllos« (Hell 216), und man könnte hinzufügen: als leidenschaftslos. Der schweizer Psychiater und Psychotherapeut Daniel Hell sieht in der Therapie einen Ausweg darin, depressive Menschen mit ihren negativen Gefühlen in Berührung zu bringen, etwa mit dem belastenden Gefühl von »Kummer, Bangigkeit, Ekel, Schuld und Scham« (Hell 223). Diese negativen Gefühle können für den Depressiven ein rettender Anker sein, an dem er sich festhalten kann. Wenn er diese Gefühle zulässt, kann er durch sie hindurch auch wieder mit den positiven Gefühlen und dann irgendwann mit seiner Leidenschaft in Berührung kommen. Wenn die Gefühle von Ekel, Scham und Schuld dagegen abgewertet werden, entwertet sich der Depressive selbst und gerät noch tiefer in seine Depression: »Umso wichtiger erscheint es, die notwendigerweise negative Beschreibung depressiven Erlebens nicht mit einer abwertenden Beurteilung erlebter Gefühle zu verknüpfen. Vielmehr kann ein Achthaben auf herabgestimmte Gefühle – als Inseln der Schwermut – den Weg aus der Depression unterstützen« (Hell 224).

Die Depression gleicht in manchen Symptomen dem, was Evagrius in Bezug auf die Akedia beschrieben hat: Man wird unfähig, sich selbst zu spüren und sich in andere hineinzufühlen. Man kreist immer nur um sich, aber dieses Kreisen stellt einen nicht zufrieden. Im Gegenteil, man fühlt sich leer, bedeutungslos und nutzlos, hat nicht einmal Kraft, aufzustehen und sich dem Leben zu widmen. Letztlich fehlt das Interesse an allem – am Leben, an der Schöpfung, an der eigenen Wahrheit. So sind Depression und Akedia die größten Hindernisse für ein leidenschaftliches Leben.

KAPITEL VI

Die Seligpreisungen als Hilfestellungen zu neuer Lebenslust

Nachdem wir die Hindernisse für die Leidenschaften betrachtet haben, möchten wir am Schluss noch einmal die Frage aufgreifen, wie wir die Leidenschaften, die in uns manchmal verborgen sind und verdrängt werden von anderen Emotionen, wieder aufwecken können. Dabei hat Hsin-Ju Wu die acht Seligpreisungen Jesu zu Beginn der Bergpredigt als Hilfe neu entdeckt. Man könnte sie als Gegenprogramm zu den sieben Todsünden verstehen, die – wie der Name sagt – zum Tod, zur Erstarrung, zum Ersterben der Leidenschaften führen. Wir haben gesehen, dass die Akedia eine destruktive Leidenschaft ist, also das Gegenteil von lebensfördernden Leidenschaften. Das könnte man ähnlich von den sieben Todsünden sagen: vom Neid, von der Völlerei, der Habgier, der Wollust, vom Hochmut, von der Trägheit und vom Zorn. All diese Haltungen hindern den Menschen am wirklichen Leben. Sie beherrschen ihn, sodass er nicht mehr selbst lebt, sondern von diesen destruktiven Haltungen gelebt wird.

Die Seligpreisungen sind im Gegensatz dazu Wege zu einem leidenschaftlichen Leben. Sie zeigen uns, dass wir es, ganz gleich, in welcher Situation wir uns gerade befinden, mit Leidenschaft füllen können. Mit den Seligpreisungen beginnt Jesus die Bergpredigt. Diese zeigt Jesus als den Lehrer, der die Weisheit von Ost und West, von Süd und Nord in sich vereint. Die Weisheit, wie sie uns auch in den Weisheitsbüchern des Alten Testamentes begegnet, will uns zeigen, wie das Leben gelingt. Und es gelingt nur dann, wenn wir es mit all dem ausfüllen, was Gott uns an Fähigkeiten und Kraft und an Leidenschaft geschenkt hat.

So möchten wir in aller Kürze die Seligpreisungen als Wege auslegen, die Leidenschaft in uns zu wecken, damit unser Leben gelingt, oder, wie die Seligpreisungen verheißen, damit wir glücklich werden.

In der ersten Seligpreisung geht es um jene, die *»arm sind im Geiste«*, die frei sind vom Anhaften an den Dingen und am Reichtum, wie der Buddhismus sagt. Wer arm ist im Geist, der lebt nicht aus dem Haben, sondern aus dem Sein. Der Philosoph und Sozialpsychologe Erich Fromm beschreibt das Haben als Gier und Habsucht. Das Sein dagegen bedeutet für ihn, »sich selbst zu erneuern, zu wachsen, sich zu verströmen, zu lieben, aus dem Gefängnis des eigenen isolierten Ichs zu transzendieren, sich zu interessieren, zu geben« (Fromm, Haben oder Sein 90). Das ist eine gute Beschreibung einer Leidenschaft, die Leben weckt. Fromm verbindet das Sein auch mit dem Armsein, von dem die erste Seligpreisung spricht: »Um zu ›sein‹, müssen wir unsere

Egozentrik und Selbstsucht aufgeben beziehungsweise uns ›arm‹ und ›leer‹ machen, wie es viele Mystiker oft ausdrücken« (Fromm 91). Leidenschaftlich kann man nur aus dem Sein leben, oder, wie es die Bibel ausdrückt: aus der *exousia*, aus der inneren Kraft, aus der Mitte heraus. Dann geht von uns ähnlich wie von Jesus Vollmacht und Dynamik und Energie aus.

»Selig die Trauernden« heißt es in der zweiten Seligpreisung. Das klingt zunächst einmal nicht sehr einladend. Doch Jesus meint, wer bereit ist, den Verlust von lieben Menschen zu betrauern, kann wirklichen Trost erfahren. Die Trauer ist nicht nur schmerzlich, sie ist auch eine Fähigkeit, den Verlust zu bearbeiten und eine neue Beziehung zu sich selbst und zum Verstorbenen aufzubauen. Zudem geht es darum, zerbrochene Lebensträume, verpasste Lebenschancen und den Verlust illusionärer Selbstbilder zu betrauern. Wer dazu bereit ist, der wird Boden unter den Füßen spüren. Denn das meint Trost finden: neues Stehvermögen erlangen, einen festen Stand haben und etwas durchstehen. Ich betrauere nur das, was ich leidenschaftlich geliebt habe. Es tut weh, wenn ich einen lieben Menschen verloren habe oder mein Lebenstraum zerbrochen ist. Es verursacht in mir Leiden. Aber das Leiden kann zur Leidenschaft führen, wenn ich das Leiden betrauere. Das Betrauern zerstört nicht die Leidenschaft, sondern verwandelt sie, sodass sie sich auf neue Weise der Realität zuwendet, wie sie sich durch den Verlust von lieben Menschen und den Verlust meiner eigenen Illusionen für mich nun darstellt. So hat beispielsweise ein Ehepaar, das ein Kind verloren hatte, diesen Verlust in

einen leidenschaftlichen Einsatz für eine Selbsthilfegruppe des Vereins »Verwaiste Eltern« verwandelt.

»*Selig, die keine Gewalt anwenden*« heißt es weiter, oder, wie man es auch übersetzen kann: »*Selig die Sanftmütigen*«. Das führt zu einer anderen Form von Leidenschaft: Wer keine Gewalt anwendet gegen sich selbst, wer aufhört, sich zu kontrollieren und wer keine Machtspiele mit anderen veranstaltet, von dem geht Leben aus für die Menschen in seiner Umgebung. Wer milde und sanftmütig – das bedeutet das griechische Wort *prays* – mit sich und mit anderen umgeht, der weckt in sich selbst Leben, aber auch in den Menschen, denen er begegnet. Das deutsche Wort »sanftmütig« bedeutet: den Mut zu haben, alles, was ich in mir vorfinde, was sich in meiner Lebensgeschichte ereignet hat, zu sammeln. Dann wird meine Leidenschaft von allem erfüllt, was ich erfahren habe, auch in leidvollen Situationen, auch im Scheitern und in meinen Schattenseiten. Was Jesus mit »sanftmütig« meint, das beschreibt die Salutogenese als Kohärenz. Nur der Mensch, der sein Leben als innerlich zusammenhängend, als kohärent, erfährt, ist fähig, sich leidenschaftlich anderen Menschen zuzuwenden. Die Kohärenz führt zu einer kraftvollen Leidenschaft, weil alles in sie hineinfließt, was ich erlebt habe. Jesus verheißt den Sanftmütigen, dass sie das Land besitzen werden. Sie werden selbst leben, anstatt gelebt zu werden. Sie werden einen weiten Raum entdecken, in dem sie ihre Leidenschaft verwirklichen können.

»Selig, die hungern und dürsten nach der Gerechtigkeit« lautet die nächste Seligpreisung. Das Hungern und Dürsten ist ein Bild für die Leidenschaft, die Menschen aufbringen, wenn sie sich für gerechte Strukturen in der Gesellschaft einsetzen, wenn sie in einem Unternehmen für den gerechten Umgang mit den Mitarbeitenden kämpfen und wenn sie in der Familie darauf schauen, dass alle zu ihrem Recht kommen. Hungern und dürsten meint: sich mit allen Fasern seines Leibes und seiner Seele nach der Gerechtigkeit auszustrecken, damit wir uns selbst und den Menschen in unserem Umfeld gerecht, aber nicht zum Gerechtigkeitsfanatiker werden. Denn von Fanatikern geht kein Leben aus, sondern nur Kälte und Härte. Fanatiker verbrennen ihre Umgebung und hinterlassen verbrannte Erde, verbrannte Beziehungen. Der leidenschaftliche Mensch brennt, ohne zu verbrennen, so wie Mose den Dornbusch brennen sah, ohne dass dieser verbrannte. Jesus verheißt den Menschen, die nach der Gerechtigkeit hungern, dass sie satt werden, dass sie dankbar auf das schauen können, was sie an Gerechtigkeit in ihrem Umfeld geschaffen haben.

»Selig die Barmherzigen« heißt es dann. Barmherzig sind die, die ein Herz haben für die Armen, die sich mit ganzem Herzen leidenschaftlich für die Menschen am Rand, für Geflüchtete und Vertriebene einsetzen. Das hebräische Wort für Barmherzigkeit ist das gleiche wie für den Mutterschoß. Barmherzig sind also die Menschen, die mütterlich mit sich selbst umgehen, die wie eine Mutter das Kind in sich nähren, es hegen und pflegen. Barmherzig zu sein heißt aber auch, sich selbst und die anderen nicht zu bewerten, son-

dern zu versuchen, sie zu verstehen. Das griechische Wort *oiktirmon* für barmherzig bedeutet eigentlich: mitfühlend sein. Mitgefühl, Empathie ist eine Fähigkeit gesunder Leidenschaft. Wir haben gesehen, dass die Akedia den Menschen teilnahmslos macht, unfähig, sich in den anderen einzufühlen. Wer mit offenem Herzen mit den Menschen fühlt, wird sich auch leidenschaftlich für sie einsetzen. Die Barmherzigkeit schützt die Leidenschaft davor, autoritär zu werden und die Herzen der Menschen zu übersehen. Die unbarmherzige Leidenschaft ist unfähig, Leben in den Menschen zu wecken. Den Barmherzigen verspricht Jesus, dass sie selbst Barmherzigkeit finden. Sie erleben Gott als einen mitfühlenden Gott, der sie nicht bewertet, sondern versteht, der mütterlich mit ihnen umgeht.

Die nächste Seligpreisung, *»Selig, die reinen Herzens sind«*, meint: Unsere Leidenschaften sind oft getrübt durch Gier und Maßlosigkeit, es mischen sich egoistische Wünsche hinein und manchmal setzen wir uns so von den anderen ab, bei denen wir keine Leidenschaft finden. Wir stellen uns über sie. So verfallen wir leicht dem Hochmut, der Hybris. Wir halten uns für etwas Besonderes. Ein reines Herz zu haben meint aber, dass ich meine Leidenschaft ohne egozentrische Nebenabsichten lebe. Ich setze mich leidenschaftlich für andere ein, nicht, um von ihnen gelobt zu werden, nicht, um stolz auf mich schauen zu können. Ich bin leidenschaftlich, weil das so für mich stimmt. Ich bewerte meine Leidenschaft nicht. Jesus verheißt denen, die reinen Herzens sind, dass sie Gott schauen werden. In der griechischen Tradition war das letztlich die Verwirklichung der größten menschlichen Sehnsucht. Dabei findet man Gott nicht »im Himmel«, sondern schaut ihn in der Schönheit der Schöpfung, der Schönheit der Kunst und des menschlichen Antlitzes. Für uns heute bedeutet diese Seligpreisung: Wer sich reinen Herzens leidenschaftlich für arme und verletzte, für gescheiterte und zerbrochene Menschen einsetzt, der sieht im Antlitz des anderen Gott, wie Emmanuel Levinas das ausdrückt, der wird beschenkt durch eine tiefe Gotteserfahrung in der Begegnung mit dem Antlitz des anderen.

»Selig, die Frieden stiften« ist die vorletzte Seligpreisung. Das griechische Wort *eirenopoioi* hat die Bedeutung, dass wir Frieden schaffen, ihn aktiv tun. Das Wort *poiein*, das darin steckt, liegt ebenfalls dem Wort »Poesie« zugrunde. Es bedeutet ein kreatives, künstlerisches Schaffen. Es braucht also Fantasie, Kreativität und Leidenschaft, um Frieden zu gestalten. Mit moralisierenden Worten wird es nicht gelingen, dass Menschen endlich in Frieden miteinander leben, sondern nur, wenn wir leidenschaftlich und kreativ nach Wegen suchen, zwischen Feinden Frieden zu stiften, weil wir uns in der Tiefe unseres Seins eins fühlen mit allen Menschen. Die Erfahrung der inneren Einheit ermöglicht es uns dann auch, das Bewusstsein für die Zusammengehörigkeit, für das Einssein in anderen zu wecken. Jesus verheißt den Friedensstiftern, dass sie »Söhne und Töchter Gottes« heißen werden. Sie haben teil an Gott, der immer ein versöhnender Gott ist, oder, wie Jesus in der Bergpredigt sagt, der »seine Sonne aufgehen lässt über Bösen und Guten, und der regnen lässt über Gerechte und Ungerechte« (Mt 5,45).

Die letzte Seligpreisung lautet: *»Selig, die um der Gerechtigkeit willen verfolgt werden«*. Leben wecken, auch wenn wir von anderen Menschen verfolgt werden, wenn wir ungerecht behandelt werden, wenn wir gemobbt werden? Das erscheint uns allzu schwer. Doch Gregor von Nyssa, der griechische Bischof und Mystiker aus dem 4. Jahrhundert, hat diese achte Seligpreisung vom Sport her interpretiert. Er meinte: Wenn man einen Tausend-Meter-Lauf vor sich hat, braucht man andere, die mitlaufen und einen antreiben, damit man schneller ist. Dieses Bild aus dem Sport bezieht er nun auf die Verfolgungen: Auch wenn ich verfolgt werde oder andere mir das Leben schwermachen mit ihrer Bosheit, können sie mir nicht schaden. Sie treiben mich nur dazu an, dass ich schneller zu Gott hin laufe, dass ich in Gott meine Zuflucht suche, dass ich mich trotz der schwierigen Situation leidenschaftlich nach Gott ausstrecke und in Gott meinen Halt suche. Das ist das Kennzeichen einer leidenschaftlichen Spiritualität, dass sie nicht in eine heile Welt flüchtet, sondern mitten im Leben, mitten in den Auseinandersetzungen und Kämpfen des Lebens den Weg zu Gott findet und sich trotz aller Anfeindungen für gerechte Strukturen in der Gesellschaft einsetzt.

Viele Christen in Südamerika und Afrika haben in ihrem Einsatz für die Gerechtigkeit den indigenen Völkern gegenüber ihr Leben riskiert. Die Leidenschaft für die Gerechtigkeit hat ihnen die Kraft geschenkt, durchzuhalten und nicht aufzugeben. Doch ihr Einsatz für die Gerechtigkeit war immer auch mit Barmherzigkeit verbunden. Eine gesunde Spannung zwischen Barmherzigkeit und Gerechtigkeit führt zu einer Leidenschaft, die nachhaltig, die menschlich ist und zum Segen wird für andere. Sie wird auch zum Segen für die Menschen, die um der Gerechtigkeit willen verfolgt werden. Ihnen verheißt Jesus: »Ihnen gehört das Himmelreich«. Sie erleben jetzt schon, dass das Reich Gottes mitten unter ihnen ist. Doch mit dem Himmelreich verheißt Jesus den Menschen nicht nur ein neues Miteinander, sondern auch den Himmel, der in ihnen ist. Die der achten Seligpreisung folgen, werden den heiligen Raum in sich finden, zu dem die Mächte dieser Welt keinen Zutritt haben, in dem Gott selbst wohnt und herrscht. Und dort, wo Gott in uns herrscht, werden wir nicht beherrscht von unseren destruktiven Leidenschaften und auch nicht von den Erwartungen und Ansprüchen und Meinungen der Menschen, nicht von ihren verletzenden Worten und von ihrem feindseligen Verhalten. Dort sind wir wahrhaft frei und ganz wir selbst, dort können wir aus dem Sein heraus leben, weil wir es nicht mehr nötig haben, uns darzustellen, uns zu beweisen, zu rechtfertigen. Dort sind wir einfach, sind wir im Sein, so wie Jesus im Sein war und aus dem Sein heraus mit Vollmacht, mit Kraft und Leidenschaft predigen und handeln konnte.

Das Feuer am Brennen halten

Großes wird nur von leidenschaftlichen Menschen vollbracht, das wusste schon der Philosoph Friedrich Hegel. Wer sich leidenschaftlich für etwas oder für Menschen einsetzt, zeigt seine Gefühle, seine Verletzlichkeit – und wird damit auch angreifbar. Das ist kein schönes Gefühl, weil man sich vielleicht rechtfertigen und wehren muss, weil man aus der Menge heraussticht und vielleicht auch zu Unrecht beschuldigt und angegriffen wird. Daher verschanzen sich heute viele Menschen hinter ihrer Coolness, zeigen möglichst keine Gefühle und keine Leidenschaft für etwas. Man möchte lieber Zuschauer bleiben, als sich die Finger zu verbrennen. Doch wenn ich für etwas oder für jemand brenne, werde ich mir immer wieder einmal die Finger verbrennen. Das muss ich in Kauf nehmen. Aber ich weiß, dass es sich lohnt, denn ohne die Leidenschaft von Menschen, die sich für ihre Werte und für andere einsetzen, wird unsere Gesellschaft immer kälter und härter.

Wir haben in diesem Buch verschiedene Aspekte der Leidenschaften angeschaut, sowohl ihre lebensbejahende Kraft als auch die Gefahr ihres Missbrauchs. Wenn wir um die positive Bedeutung der Leidenschaften und zugleich um ihre

Gefährdungen wissen, können wir gut mit unseren Leidenschaften umgehen.

Das Ziel unseres gemeinsamen Buches ist es, für ein leidenschaftliches Leben, für einen leidenschaftlichen Einsatz für andere Menschen und für eine leidenschaftliche Spiritualität zu werben. Wir haben den Eindruck, dass uns das heute nottut. Denn wir sehen die Gefahr, dass mangels Leidenschaft nichts vorangeht, weder in der Politik noch in der Gesellschaft noch in der Kirche. Wir brauchen Menschen mit Leidenschaft, um diese Welt zu verwandeln, um sie immer mehr mit dem Geist Jesu zu erfüllen.

Mit diesem Buch möchten wir aber auch den Blick auf die leidenschaftlichen Menschen lenken, denen wir in unserem Umfeld begegnen, die sich für ihren Beruf oder für ihren Fußballverein oder etwas anderes einsetzen. Da gibt es leidenschaftliche Bergsteiger oder Wanderer oder Surfer. Manchmal zielt die Leidenschaft auch auf skurrile Dinge. Da begeistert sich zum Beispiel einer leidenschaftlich für große Lastwagen und besucht jede Truckershow. Ein anderer studiert leidenschaftlich die Fahrpläne der Eisenbahn. Wieder ein anderer sammelt leidenschaftlich Briefmarken oder seltene Steine.

Augustinus meinte: Wer immer eine Leidenschaft für etwas rein Weltliches aufbringt, sehnt sich letztlich nach etwas, das größer ist als er selbst. Eigentlich sehnt er sich bei all seinen weltlichen Leidenschaften nach Gott, der allein unsere Sehnsucht nach einem erfüllten Leben stillen kann. So ist es gut, auch die eigenen Leidenschaften für rein weltliche Dinge genauer anzuschauen und darin letztlich die Sehnsucht nach einem gelingenden Leben und nach Gott zu entdecken, die uns davor bewahrt, dass unser Leben hohl und leer wird.

Wir wünschen Ihnen, liebe Lesern und Leserinnen, dass Sie keine Angst vor Ihren Leidenschaften haben, sondern dass Sie die positive Kraft darin entdecken und leben. Wir wünschen Ihnen, dass das Feuer der Leidenschaft in Ihnen wieder neu zu brennen beginnt. Es ist letztlich das Feuer des Heiligen Geistes, das in Ihnen brennen möchte zum Wohl und Segen der Menschen. Und wir hoffen, dass Sie nach der Lektüre dieses Buches für sich selbst die Frage beantworten können: Wofür brenne ich? Was weckt in mir die Leidenschaft? Und welche Art von Disziplin brauche ich, um meine Leidenschaft langfristig am Leben zu erhalten, ohne mich von widrigen Umständen davon abhalten zu lassen?

So wünschen wir Ihnen, dass Sie zu leidenschaftlichen Menschen werden, die auch andere anstecken, dass Sie mit Ihrer Leidenschaft zum Segen werden für viele Menschen und für unsere Gesellschaft.

Pater Anselm Grün und Hsin-Ju Wu

Literatur

Johannes Bours/Franz Kamphaus, Leidenschaft für Gott. Ehelosigkeit – Armut – Gehorsam, Freiburg 1981.

Evagrius Ponticus, Praktikos. Über das Gebet, eingleitet und übersetzt von John Eudes Bamberger, aus dem Englischen übertragen von Guido Joos, mit einer Einführung von Anselm Grün, Münsterschwarzach 1986. Dieser Band beinhaltet zwei Werke des Evagrius Ponticus, die mittlerweile in neuen Einzelausgaben erhältlich sind: Evagrios Pontikos [Evagrius Ponticus]: Der Praktikos. Hundert Kapitel über das geistliche Leben (Weisungen der Väter, Bd. 6), eingeleitet und kommentiert von Gabriel Bunge, Beuron, 2. Aufl. 2008; und: Evagrius Ponticus: Über das Gebet. Tractatus de oratione (Quellen der Spiritualität, Bd. 4), Münsterschwarzach 2011.

Alain Ehrenberg, Das erschöpfte Selbst. Depression und Gesellschaft in der Gegenwart, Frankfurt 2015.

Margot Fleischer, Nietzsche, in TRE 24, 506–524.

Erich Fromm, Haben oder Sein. Die seelischen Grundlagen einer neuen Gesellschaft, Stuttgart 1977.

Norbert Greinacher, Gelassene Leidenschaft: eine heute notwendige Tugend, Köln 1977.

Daniel Hell, Seelenhunger. Der fühlende Mensch und die Wissenschaften vom Leben, Bern 2003.

Günter Krinetzki, Hoheslied, in: Die Neue Echter Bibel, Regensburg 1980.

Peter Kutter, Die menschlichen Leidenschaften, Stuttgart 1978.

Georg Popp, Mehr Lust am Leben. Von den positiven Seiten unserer Leidenschaften, mit einem Vorwort von Anselm Grün, Mainz 1996.

Peter Klasvogt (Hg.), Leidenschaft für Gott und sein Volk. Priester für das 21. Jahrhundert, Paderborn 2003.

Hans Rotter, Leidenschaft, in: LexSpir, Freiburg 1988, 782f.

Mathias Schreiber, Der Blick des Anderen, Der Spiegel 6/2006.

Theo Sundermeier, Ritus I. Religionswissenschaftlich, in: TRE 29, Berlin 1998, 259–265.

Thomas von Aquin, Summa Theologica. Die menschlichen Leidenschaften, Heidelberg 1955.

Wilhelm Weichedel, Die philosophische Hintertreppe. Die großen Philosophen in Alltag und Denken, München 1999.

Anselm Grün
Hsin-Ju Wu
Selbst-
bestimmt
im Alter
EIN PRAXISBUCH
caritas

Anselm Grün
Hsin-Ju Wu
Selbst-
bestimmt
im Alter
ÜBER 40 ARBEITSBLÄTTER FÜR GRUPPEN- UND EINZEL-ARBEIT
caritas
Vier-Türme-Verlag

Anselm Grün, Hsin-Ju Wu

Selbstbestimmt im Alter

Proxisbuch

ca. 160 Seiten, gebunden

ISBN 978-3-7365-0456-1

Arbeitsbuch

60 Seiten, Din A4, geheftet, zum Ausfüllen, auch als Arbeitsbuch für Senioren- und Gruppenarbeit geeignet.

ISBN 978-3-7365-0467-7

In den späten Lebensjahren selbstbestimmt und in Würde zu altern, das wünschen sich die meisten Menschen. Gerade in der zweiten Lebenshälfte gilt es, viele Entscheidungen zu treffen, die die Weichen dazu stellen, wie wir unser Alter erleben.

Spiritualität kann uns dabei eine große Hilfe sein. Denn der Glaube vermittelt uns, dass wir eine unantastbare Würde haben. Zugleich lädt sie uns dazu ein, uns mit unserer Vergangenheit auszusöhnen und diese in unser Leben zu integrieren. Sie zeigt uns Wege auf, wie wir uns auch jetzt noch selbst verwirklichen und authentisch leben können. Dieses Buch möchte Menschen auf ihrem Weg zum selbstbestimmten Älterwerden begleiten.

Dazu bieten die Autoren Übungen an, die helfen können, das eigene Alter so zu gestalten, dass es stimmig wird und bleibt.

Das separat erhältliche Arbeitsbuch im großen Format enthält weitere und vertiefende Übungen für die Einzel- oder Gruppenarbeit.

Anselm Grün
Vertraue
dem
Leben
VIER TÜRME

Anselm Grün

Vertraue dem Leben

128 Seiten, gebunden, 12,0 x 19,5 cm
ISBN 978-3-7365-0517-9

Wir leben in einer Zeit, in der uns die Nachrichten, die täglich auf uns einstürmen, verunsichern und Angst machen - Angst vor Krieg, vor Vertreibung, vor Armut, vor Katastrophen, Angst vor der eigenen Zukunft und der Zukunft unserer Welt. Anselm Grün gelingt es in diesem Buch, die Perspektive zu wechseln und mit dem Leser nicht auf das zu schauen, was schwierig und vielleicht unlösbar ist, sondern auf die Ressourcen, die wir haben, auf die wir zurückgreifen können und die uns wieder ins Gleichgewicht bringen. Denn jeder von uns hat schon schwierige Zeiten erlebt, durchlebt und gemeistert. Jeder hat Stärken, Fähigkeiten, mit denen er etwas zum Besseren verändern kann - man muss sie nur (wieder) entdecken.

Ein Buch, das Zuversicht und Kraft gibt in diesen manchmal so schwierigen und unsicheren Zeiten.

Bibliografische Information der Deutschen Nationalbibliothek
Die Deutsche Nationalbibliothek verzeichnet diese Publikation in der Deutschen Nationalbibliografie. Detaillierte bibliografische Daten sind im Internet über http://dnb.d-nb.de abrufbar.

2. Auflage 2023

Lektorat: Marlene Fritsch
Umschlaggestaltung: wunderlichundweigand
Umschlagmotiv: Pitak Areel / shutterstock.com
Druck und Bindung: Pustet, Regensburg
ISBN 978-3-7365-0510-0

www.vier-tuerme-verlag.de